盘口圣经

看盘能力决定盈利水平

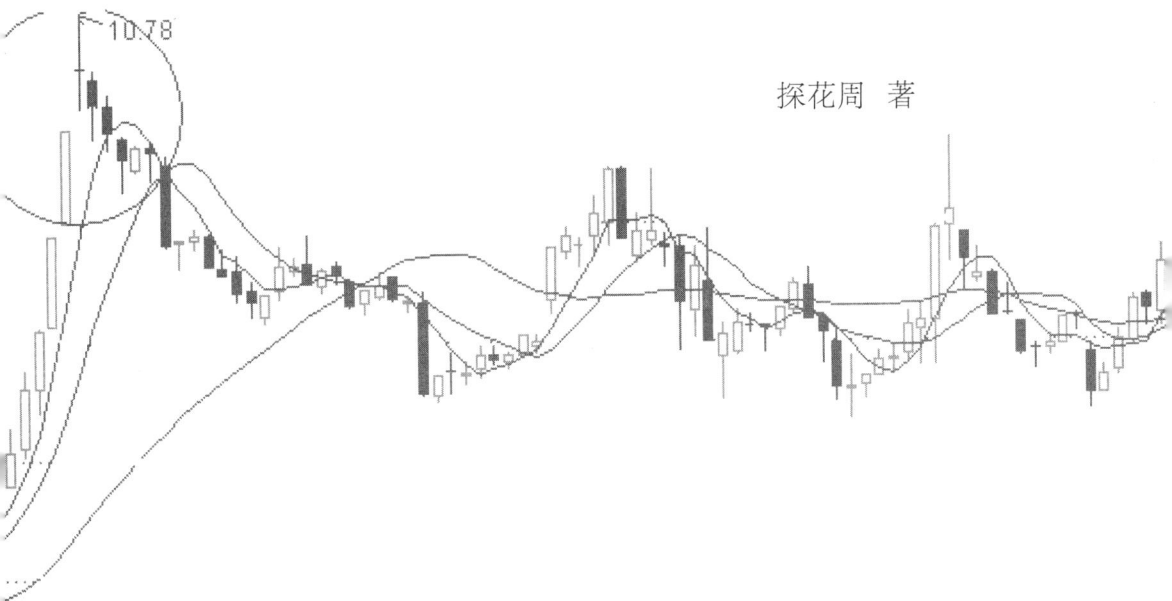

探花周 著

人民邮电出版社

北京

图书在版编目（CIP）数据

盘口圣经 ：看盘能力决定盈利水平 / 探花周著. --
北京 ：人民邮电出版社，2015.7
ISBN 978-7-115-39434-7

Ⅰ. ①盘… Ⅱ. ①探… Ⅲ. ①股票交易－基本知识
Ⅳ. ①F830.91

中国版本图书馆CIP数据核字(2015)第112905号

内 容 提 要

　　这是一本系统讲解看盘实战技法的图书。本书开门见山，以丰富的实战案例帮助读者通过K线、量价关系、分时图、均线、指标、形态等多种工具把握大盘的走势，以帮助股民练就"盯盘"的本领，顺势而为。此外，本书还介绍了大量的实战案例，使全书简单易学、便于模仿。

　　本书适合那些急需摆脱率性而为、渴望掌握看盘技术，通过眼光与技术而驰骋股市的投资者阅读。

◆ 著　　　　　探花周
　责任编辑　　李士振
　责任印制　　周昇亮

◆ 人民邮电出版社出版发行　　北京市丰台区成寿寺路 11 号
　邮编　100164　　电子邮件　315@ptpress.com.cn
　网址　http://www.ptpress.com.cn
　大厂聚鑫印刷有限责任公司印刷

◆ 开本：700×1000　1/16
　印张：13.5　　　　　　　　　　2015 年 7 月第 1 版
　字数：248 千字　　　　　　　　2015 年 7 月河北第 1 次印刷

定价：35.00 元

读者服务热线：(010)81055296　印装质量热线：(010)81055316
反盗版热线：(010)81055315
广告经营许可证：京崇工商广字第 0021 号

前言

　　"股市有风险"，这是人人都知道的事实，但是风险究竟有多大，并不是所有人都能够说得清。中国股市的发展还有待成熟，总是出现一边倒的市场形势，为防止这种市场形势的出现，股指期货、融资融券也推出了，如今三年过去，效果似乎并不明显，单边市的情形却仍然清晰可见。

　　纵观中国股市的发展，牛市、熊市界限总是相当分明。在大牛市时，为防止股市泡沫造成无法收场的局面，国家出台各种措施打压也很难打压下去；在大熊市时，为提振经济，针对股市的各种调控政策也无法令指数有好的起色。

　　其实，金融学中，风险是一个中性词，正是因为有风险才有赚钱的机会，并且风险越大，期望收益越高。而在平常人的印象之中，风险是一个不好的词，风险就是亏损。那么如何理解这种意义下的风险呢？大牛市时，似乎大家都赚了钱，股价一次次创出新高，风险在哪里？其实这时候的风险比平时更大，它在股价一次次创新高的过程中不断积累，并在股价达到最高的时候积累到最大，谁在股价从最高点下跌的时候去买了股票，谁就承担了这个风险，并且这时的风险指数比平时都高。谁会承担这个风险呢？所有的股民都会，不仅包括散户，还包括机构。

　　造成这种现象的关键原因在于中国股民的"赌徒心理"，具有这种心理的股民不懂得股市其实是一种投资方式，反而认为买卖股票仅仅是多空双方的对赌，这样的结

果就是大家都跟风。当大多数股民都是这种心理的时候，跟谁的风呢？当然就变成了跟机构的风，而机构如此狡猾，不仅不可能让小散户赚钱，还会千方百计放出各种消息赚散户们的钱。因此，在中国股市上常常可以见到一个有趣的现象，一个消息不管真假都在市场上风传，这种情形下，谁敢不跟风呢？可是跟风了，却总是晚一步，进入了消息散布者的陷阱。所以，单边市的现象总是存在，这是一种博弈的均衡，没有足够的外部刺激，很难打破，这就造成了中国股市要么处于牛市要么处于熊市。

　　对于这样的现象，笔者总是很无奈，毕竟都是血汗钱，谁能够真的不在乎呢？只能期待中国股市能够发展得更为成熟，股民能够炼就一双火眼金睛，这还有很长的路要走。

　　如何在股价创新高的牛市中不做最后的接手人，如何在大熊市的偶尔反弹中找准盈利的时机，这是在中国股市盈利的关键，做到如此，你需要有一颗不贪婪的心以及一些股市的基本知识及投资技巧。

　　本书的目的就在于为广大投资者们介绍一些简单通俗的股市知识及基本的投资技巧，并且还配备了大量的案例图片，希望可以以更真实的实战资料帮助投资者融会贯通。投资者们可以根据自己的需要从中学习适合自己的投资技巧，并将其应用到实战中去。

　　股市风云、变幻莫测，没有任何一本书或者一种理论可以保证投资者在股市中永远立于不败之地。市场上有很多优秀的书籍，投资者可以拿来作为借鉴，但是务必要明白的是，别人的思想即使是精髓也永远是别人的，最重要的是如何在浩如烟海的理论中找到最适合自己的，并将其转化为自己的投资风格，这需要长时间的实践积累。因此，投资者进入实战以后，一定要注重知识的积累和融会贯通，根据自己的偏好，不断调整投资策略，久而久之一定会形成自己的投资风格。

笔者以力求完美的态度，秉承投资中严谨务实的作风，将个人在投资操作中的心得和交易理念贯穿其中。尺有所短、寸有所长。书中如有遗漏和偏颇，请读者见谅。投资是一项追求完美但永远不可能达到完美的事情，书中未尽之处，欢迎读者提出宝贵的意见和建议。

探花周

2015 年 5 月

目 录

第一章

俯瞰中国股市——股市概况

　　说到大盘，就必须首先要看整个股市：中国股市发展短短20余年，取得的成绩举世瞩目。这里上演着"过山车"，这里充满了"火药弹"：有杭萧钢构、重庆啤酒的喷薄上涨，也不乏"两桶油"的逆势反弹。这其间不知有多少投资者因为误判形势，倾家荡产；有多少投资者因为过于贪婪，眼泪涟涟；有多少家庭因为投资股市而妻离子散……但反过来说，财富的蒸发与转移不也给了我们改变的机会，爆发的源泉！不知不觉中，稀里糊涂里，中国股市已经22年。

一、证券交易所

中国大陆当前有两个证券交易所，他们分别位于上海和深圳。

上海证券交易所简称上证所（Shanghai Stock Exchange），是中国大陆两所证券交易所之一，位于上海浦东新区。上海证券交易所创立于 1990 年 11 月 26 日，同年 12 月 19 日开始正式营业。上海证券交易所是不以营利为目的的法人，归属中国证监会直接管理。其主要职能包括：提供证券交易的场所和设施；制定证券交易所的业务规则；接受上市申请，安排证券上市；组织、监督证券交易；对会员、上市公司进行监管；管理和公布市场信息。

截至 2015 年 4 月 30 日，上证所拥有 1041 家上市公司，其中 A 股股票数 1032 只，B 股股票数 53 只，股票市价总值 348418.88 亿元。2014 年沪市股票筹资总额 3927 亿元，同比增长 56.11%，包括 IPO 公司 43 家，融资额 312 亿元。从新股上市数量和融资额分析，制造业企业居首，科技、传媒和电信企业与零售消费公司紧随。

深圳证券交易所位于深圳罗湖区。成立于 1990 年 12 月 1 日，于 1991 年 7 月 3 日正式营业，由中国证监会直接监督管理。深交所以建设中国多层次资本市场体系为使命，全力支持中国中小企业发展，推进自主创新国家战略实施。2004 年 5 月，中小企业板正式推出；2006 年 1 月，中关村科技园区非上市公司股份报价转让开始试点；2009 年 10 月，创业板正式启动，深交所主板、中小企业板、创业板以及非上市公司股份报价转让系统协调发展的多层次资本市场体系架构基本确立。截至 2015 年 4 月 30 日，深交所共有上市公司 1672 家，其中主板 480 家，中小企业板 746 家，创业板 446 家，市价总值 215072.45 亿元。2014 年深市股票筹资总额 4230 亿元，同比增长 140.05%，包括 IPO 公司 82 家，融资额 357 亿元。

表1-1 我国股票交易规模统计

全国股票交易统计表						
数据日期	发行总股本（亿股）		市价总值（亿元）		成交金额（亿元）	
	上海	深圳	上海	深圳	上海	深圳
2014年累计	27085.17	9709.93	243974.02	128572.94	375634.4	366750.87
2013年累计	25751.69	8070.35	151165.27	87911.92	229608.77	238462.58
2012年累计	24617.62	7216	158698.44	71659.18	164460.86	150122.41
2011年累计	23466.65	6278.46	148376.23	66381.87	237555.29	184089.28

数据来源：根据东方财富网数据整理而得

从表1-1中的我国股票市场规模和交易规模可以看出，截至2014年底，我国沪市和深市发行股票股本分别略超过2万7千亿股和9千7百亿股，股票市价总值分别近24.4万亿和12.9万亿元。两市2014年度成交金额分别为37.7万亿元和36.7万亿元。从以上数据可以看出，我国股票市场发展高速且迅猛。

我国股票交易所交易时间为每周一至周五。上午为前市，9:15至9:25为集合竞价时间，9:30至11:30为连续竞价时间。下午为后市，13:00至15:00为连续竞价时间，周六、周日和上证所公告的休市日市场暂停交易。交易所证券交易采用电子竞价交易方式，所有上市交易证券的买卖均须通过电脑主机进行公开申报竞价，由主机按照价格优先、时间优先的原则自动进行撮合成交。

二、上市公司及股票代码

上市公司是指所发行的股票经过国务院或者国务院授权的证券管理部门批准在证券交易所上市交易的股份有限公司。上市公司是股份有限公司的一种，这种公司到证券交易所上市交易，除了必须经过批准外，还必须符合一定的条件。

股票上市的基本要求有：（1）股票经国务院证券管理部门批准已经向社会公开发行；（2）公司股本总额不少于人民币3000万元；（3）公开发行的股份占公司股份总数的25%以上；股本总额超过4亿元的，向社会公开发行的比例 10% 以上；（4）公司在最近三年内无重大违法行为，财务会计报告无虚假记载。

我国上市股票市场构架可分为四个层次：

第一，上海、深圳两个证券交易所（主板市场）。主板市场对发行人的营业期限、股本大小、盈利水平、最低市值等方面的要求标准较高，上市企业多为大型成熟企业，具有较大的资本规模以及稳定的盈利能力。截至 2015 年 4 月 30 日，沪市 A 股有 1032 只股票，B 股有 53 只，深市主板 A 股有 468 只，深市主板 B 股有 51 只。

	代码	名称	涨幅%	现价	涨跌	买价	卖价	总量	现量	涨速%	换手%
1	000001	平安银行	-0.94	15.88	-0.15	15.87	15.88	147.2万	209	0.00	1.25
2	000002	万科A	-1.21	13.90	-0.17	13.89	13.90	175.0万	60	0.00	1.80
3	000004	国农科技	4.20	29.30	1.18	29.30	29.34	52787	63	0.65	6.29
4	000005	世纪星源	9.98	4.96	0.45	4.96	-	4172	1	0.00	0.05
5	000006	深振业A	-1.43	11.05	-0.16	11.05	11.06	385886	10	0.27	2.88
6	000007	零七股份	-1.55	24.13	-0.38	24.13	24.17	65027	2	-0.24	3.16
7	000008	神州高铁	-	-	-	-	-	0	0	-	0.00
8	000009	中国宝安	1.38	20.64	0.28	20.63	20.64	488189	30	0.34	3.28
9	000010	深华新	-	-	-	-	-				0.00
10	000011	深物业A	-0.94	13.66	-0.13	13.66	13.67	62237	1	0.00	3.54
11	000012	南玻A	4.82	15.89	0.73	15.88	15.89	576476	20	0.88	4.43
12	000014	沙河股份	1.93	22.18	0.42	22.17	22.18	55781	82	-0.04	2.77
13	000016	深康佳A	-1.25	19.75	-0.25	19.72	19.75	421070	5	0.00	7.02
14	000017	深中华A	3.53	14.95	0.51	14.92	14.94	88593	8	0.13	2.92
15	000018	中冠A	4.84	34.89	1.61	34.86	34.89	23716	75	0.48	2.38
16	000019	深深宝A	2.70	15.20	0.40	15.19	15.20	45919	30	0.52	1.82
17	000020	深华发A	5.36	16.70	0.85	16.73	16.78	64506	34	-0.94	9.97
18	000021	深科技	-0.88	13.56	-0.12	13.56	13.57	385029	120	-0.07	2.62
19	000022	深赤湾A	-	-	-	-	-	0	0	-	0.00
20	000023	深天地A	-0.81	26.78	-0.22	26.78	26.80	49365	5	-0.07	3.56

图 1-1　截至 2015 年 5 月 12 日沪市 A 股（总市值前 20 名）

数据来源：上海证券交易所

如图 1-1 和图 1-2 所示，分别列举了某一交易日上海证券交易所和深圳交易所 A 股的部分股票，按净资产排名前 20 个上市公司名单。其中，沪市上市公司净资产规模一般要比深市上市公司的大得多。例如，沪市净资产最高的中国石油有限责任公司净资产接近 1 万亿元，而深市上市公司净资产最高的深圳发展银行净资产刚接近 700 亿元。

今开	最高	最低	昨收	市盈（动）
12.70	12.78	12.51	12.66	93.98
5.22	5.22	5.13	5.20	6.22
3.75	3.77	3.71	3.74	5.61
4.55	4.60	4.51	4.56	7.32
39.00	39.90	38.45	39.29	22.60
7.75	7.80	7.67	7.73	138.68
88.05	89.76	87.50	88.72	10.18
17.82	17.94	17.56	17.91	6.50
18.70	18.95	18.34	18.69	6.02
21.30	21.31	21.01	21.31	18.49
-	-	-	29.45	104.58
19.90	20.16	19.52	20.03	51.35
33.98	35.29	33.46	33.96	25.01
17.25	17.40	17.04	17.27	7.16
10.06	10.26	9.90	10.06	13.60
-	-	-	29.98	91.20
10.60	10.68	10.50	10.62	6.80
257.20	257.20	252.00	257.44	16.52
25.89	25.89	25.45	25.90	9.46
17.89	18.47	17.63	17.88	26.38

图 1-2 某一交易日深市 A 股公司（净资产前 20 名）

第二，中小企业板。中小企业板块于 2005 年 5 月设立，该板块是在之前的法律法规不变、发行上市标准不变的前提下，在深圳证券交易所设立的一个运行独立、监察独立、代码独立、指数独立的板块，截至 2015 年 4 月 30 日，有 746 家公司在中小企业板挂牌交易。图 1-3 是某一交易日的中小板块部分企业截图。

▼	代码	名称	现价	涨幅%	总金额
1	002001	新 和 成	23.40	5.17	1.6亿
2	002002	ST琼花	—	—	—
3	002003	伟星股份	14.97	0.94	4283万
4	002004	华邦制药	40.89	1.21	1073万
5	002005	德豪润达	17.45	-1.52	1.3亿
6	002006	精功科技	28.39	0.82	2.6亿
7	002007	华兰生物	26.30	2.41	2.8亿
8	002008	大族激光	9.63	2.56	7.0亿
9	002009	天奇股份	12.68	2.51	8947万
10	002010	传化股份	7.89	0.51	3440万

图1-3 中小企业板块股票示例

第三，2009年10月30日挂牌交易的创业板。首批挂牌28家企业，创业板的服务对象是广大进入成长期的早期阶段的成长型企业，突出"创新"与"成长"的特点，重点支持创新能力强、经营模式新、高成长的企业。而中小企业板发行上市条件现在和主板一样，主要服务对象是进入成长期的后期阶段，比较成熟的、经营相对稳定的企业，并且这些企业所在行业较成熟。截至2015年4月30日，有446家公司在创业板挂牌交易。图1-4是某一交易日的创业板块部分企业截图。

▼	代码	名称	所属行业	涨幅%	总金额
1	300001	特锐德	发电设备	1.95	7846万
2	300002	神州泰岳	电子信息	0.21	1.8亿
3	300003	乐普医疗	医疗器械	1.54	3473万
4	300004	南风股份	发电设备	-0.97	6462万
5	300005	探路者	其它制造	-1.47	3034万
6	300006	莱美药业	生物制药	2.86	3493万
7	300007	汉威电子	仪器仪表	2.72	3746万
8	300008	上海佳豪	船舶制造	0.56	2306万
9	300009	安科生物	生物制药	-1.25	6620万
10	300010	立思辰	电子信息	-2.99	3175万

图1-4 创业板股票示例

第四，代办股份转让系统。代办股份转让是证券公司以其自有或租用的业务设施，为非上市股份公司提供股份转让服务。由中国证券业协会于 2001 年设立，此后该系统承担了退市公司股票的流通转让功能，2006 年 1 月中关村高科技园区非上市股份制企业开始进入代办股份转让系统挂牌交易，该系统的功能得到拓展，现主要为退市公司、非上市股份公司、中关村高新园区股份公司等提供报价转让服务。

2007 年 5 月 28 日发布的《上海证券交易所证券代码分配规则》规定，上证所证券代码采用六位阿拉伯数字编码，取值范围为 000000-999999。六位代码的前三位为证券种类标识区，其中第一位为证券产品标识，第二位至第三位为证券业务标识，六位代码的后三位为顺序编码区。

深圳证券市场的证券代码规则：6 位代码中的前两位为证券种类标识区，其中第 1 位标识证券大类，第 2 位标识该大类下的衍生证券。6 位代码中的后四位为发行顺序编码区，取值范围为 0001-9999。

如表 1-2 所示，列出了各种股票的代码开头。

表1-2 各类股票代码一览

沪市 A 股的代码	以 600 或 601 打头
沪市 B 股的代码	以 900 打头
深市 A 股的代码	以 000 打头或 001 打头
深市 B 股	以 200 打头
中小板	002 打头
创业板	300 打头
沪市新股申购	以 730 打头

三、投资主体

证券投资者是证券市场的资金供给者，主要有机构投资者和个人投资者。众多的证券投资者保证了证券发行和交易的连续性，也活跃了证券市场的交易证券投资者以取得利息、股息或资本收益为目的而买入证券。

机构投资者，从广义上讲是指用自有资金或者从分散的公众手中筹集的资金专门进行有价证券投资活动的法人机构。在西方国家，以有价证券收益为其主要收入来源的证券公司、投资公司、保险公司、各种福利基金、养老基金及金融财团等，一般称为机构投资者。其中最典型的机构者是专门从事有价证券投资的共同基金。在中国，机构投资者目前主要是具有证券自营业务资格的证券自营机构，符合国家有关政策法规的各类投资基金等。机构投资者通常具有集中性、专业性的特点，比较注重理性投资和长期投资。

中国证券登记结算有限责任公司《证券账户管理规则》规定，一个自然人、法人可以开立不同类别和用途的证券账户。但是，对于同一类别和用途的证券账户，一个自然人、法人只能开立一个。

在 2015 年 4 月 28 日中国证券登记结算有限责任公司公布，2015 年 4 月 20 日～4 月 24 日，沪深两市新增 A 股开户数 4130328 户，环比增加 26.81%。期末股票账户数达到 2.01 亿户，首次突破 2 亿。不过，其中休眠账户达 4087.74 万，有效账户数为 16031.95 万。

从地区看，以 2015 年 3 月为例，如表 1-3 和图 1-5 所示，我国投资账户数量在上海最多，有 2084 万户，占了全国总数的 10.50%。其次是广东、江苏、浙江、深圳、北京和山东。西部地区几个省份经济较为落后，人口总量也较少，开户数量目前较小。

表 1-3 2015 年 3 月 A 股账户开户地区分布表　　　　　单位：户

地区	上海分公司				深圳分公司			
	新开户数	比重（%）	开户总数	比重（%）	新开户数	比重（%）	开户总数	比重（%）
北京	121,726	4.95%	6,363,033	6.38%	117,584	4.90%	5,232,449	5.31%
天津	24,732	1.00%	1,363,255	1.37%	24,370	1.02%	1,653,942	1.68%
河北	75,302	3.06%	2,496,121	2.50%	74,281	3.10%	2,625,683	2.66%
山西	47,484	1.93%	1,736,306	1.74%	46,562	1.94%	1,629,564	1.65%
内蒙古	20,875	0.85%	975,280	0.98%	20,680	0.86%	934,876	0.95%
辽宁	63,152	2.57%	3,591,629	3.60%	61,874	2.58%	3,910,138	3.96%
吉林	28,831	1.17%	1,533,326	1.54%	28,628	1.19%	1,486,977	1.51%
黑龙江	36,994	1.50%	2,102,468	2.11%	37,205	1.55%	2,175,794	2.21%

续表

地区	上海分公司				深圳分公司			
	新开户数	比重（%）	开户总数	比重（%）	新开户数	比重（%）	开户总数	比重（%）
上海	222,103	9.02%	13,186,520	13.22%	226,099	9.42%	7,648,889	7.76%
江苏	181,361	7.37%	7,700,052	7.72%	176,675	7.36%	7,605,385	7.71%
浙江	247,965	10.07%	5,716,008	5.73%	239,107	9.97%	6,388,433	6.48%
安徽	52,005	2.11%	2,130,034	2.13%	52,297	2.18%	1,905,685	1.93%
福建	107,941	4.39%	3,547,799	3.56%	103,647	4.32%	3,756,833	3.81%
江西	57,373	2.33%	1,665,408	1.67%	55,947	2.33%	1,946,574	1.97%
山东	135,435	5.50%	5,764,928	5.78%	134,337	5.60%	5,679,048	5.76%
河南	91,699	3.73%	3,389,207	3.40%	89,916	3.75%	3,897,028	3.95%
湖北	80,544	3.27%	3,562,382	3.57%	77,185	3.22%	3,773,898	3.83%
湖南	103,238	4.19%	2,967,080	2.97%	99,632	4.15%	3,576,486	3.63%
广东	277,366	11.27%	8,842,195	8.86%	263,961	11.00%	10,227,570	10.37%
深圳	176,653	7.18%	6,945,575	6.96%	168,917	7.04%	6,670,046	6.76%
广西	34,625	1.41%	1,510,305	1.51%	33,672	1.40%	1,834,808	1.86%
海南	11,641	0.47%	568,557	0.57%	11,053	0.46%	800,376	0.81%
重庆	36,242	1.47%	1,467,768	1.47%	35,254	1.47%	1,592,026	1.61%
四川	92,639	3.76%	3,983,370	3.99%	89,697	3.74%	4,321,628	4.38%
贵州	12,420	0.50%	631,909	0.63%	12,044	0.50%	616,250	0.62%
云南	23,501	0.95%	1,066,942	1.07%	22,970	0.96%	1,128,938	1.14%
西藏	721	0.03%	30,177	0.03%	720	0.03%	41,654	0.04%
陕西	51,236	2.08%	1,840,719	1.84%	50,230	2.09%	2,141,681	2.17%
甘肃	23,578	0.96%	1,016,025	1.02%	23,299	0.97%	1,024,564	1.04%
青海	3,734	0.15%	344,824	0.35%	3,678	0.15%	260,838	0.26%
宁夏	6,713	0.27%	453,929	0.45%	6,496	0.27%	340,244	0.35%
新疆	9,607	0.39%	1,279,025	1.28%	9,167	0.38%	1,203,964	1.22%

续表

地区	上海分公司				深圳分公司			
	新开户数	比重（%）	开户总数	比重（%）	新开户数	比重（%）	开户总数	比重（%）
其他	1,947	0.08%	8,344	0.01%	1,925	0.08%	588,715	0.60%
合计	2,461,383	100.00%	99,780,500	100.00%	2,399,109	100.00%	98,620,984	100.00%

对全国所有省份的股票账户开户数量画成柱状图，得到图1-5，可以直观的看出股票开户数量的地区分布结构和排名情况。开户数量基本上与经济发展状况成正比，另外一个重要因素是人口数量。

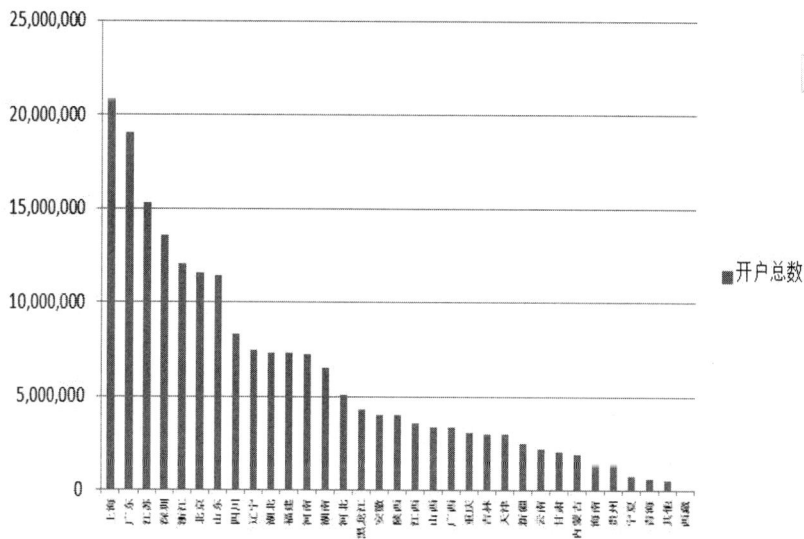

图1-5　投资账户数量各地区比较

在大概了解了我国股票市场的投资者结构和规模后，你就知道你在整个股市投资大军里出于什么样的位置，对你的交易对手和大盘庄家的规模和分布也有了一定的认识。

四、交易规则

要想在股市游刃有余，必须要全方位的掌握股市的运行规则，这样才能在对的时机做出正确的买卖决定。以下就股市交易的一些重要的规定做出说明，帮助投资者更加了解中国股市的游戏法则。

1. 委托方式

区分委托方式最主要是通过价格，包括市价委托和现价委托。

市价委托是指客户向证券经纪商发出买卖某种证券的委托指令时，要求证券经纪商按证券交易所内当时的市场价格买进或卖出证券。

市价委托的优点是：没有价格上的限制，证券经纪商执行委托指令比较容易，成交迅速且成交率高。市价委托的缺点是：只有在委托执行后才知道实际的执行价格。尽管场内交易员有义务以最有利的价格为客户买进或卖出证券，但成交价格有时会不尽如人意，尤其是当市场价格变动较快时。

限价委托是指客户要求证券经纪商在执行委托指令时，必须按限定的价格或比限定价格更有利的价格买卖证券，即必须以限价或低于限价买进证券，以限价或高于限价卖出证券。

限价委托方式的优点是：证券可以以客户预期的价格或更有利的价格成交，有利于客户实现预期投资计划，谋求最大利益。但是，采用限价委托时，由于限价与市价之间可能有一定的距离，故必须等市价与限价一致时才有可能成交。此时，如果有市价委托出现，市价委托将优先成交。因此，限价委托成交速度慢，有时甚至无法成交。在证券价格变动较大时，客户采用限价委托容易坐失良机，遭受损失。

2. 涨跌幅限制与涨跌停板制度

为保护投资者利益，防止股价暴涨暴跌和投机盛行，证券交易所根据需要对每日股票价格的涨跌幅度予以适当的限制。高于涨幅限制的委托和低于跌幅限制的委托无效。

沪、深证券交易所对股票、基金交易实行价格涨跌幅限制，涨跌幅比例为10%，其中ST股票和*ST股票价格涨跌幅比例为5%。但是首次公开发行上市的股票和封闭式基金、增发上市的股票、暂停上市后恢复上市的股票，首个交易日无价格涨跌幅限制。

当股价涨跌超过涨跌幅限制时，交易所会强制停板。股价达到涨跌停板后，不是完全停止交易，而是在涨跌停价位或涨跌停价位之内的交易仍可继续进行，直到当日收市为止。

3.T+1 的交易制度与交易时间

（1）T+1 交易制度

我国上海证券交易所和深圳证券交易所对股票和基金交易实行"T+1"的交易方式，也就是说投资者当天买入的股票或基金不能在当天卖出，需待第二天进行交割过户后方可卖出；投资者当天卖出的股票或基金，其资金需等到第二天才能提出。

T+1 本质上是证券交易交收方式，使用的对象有 A 股、基金、债券、回购交易。指达成交易后，相应的证券交割与资金交收在成交日的下一个营业日（T+1 日）完成。

拿 A 股来说，假定你 T 日买进 A 股 1 手，在 T 日的时候只是登记了这笔交易，那 1 手 A 股并没有转到帐户上，所以不能在 T 日当天卖出。因此，在"T+1"日的时候这一手 A 股已经转到了你的帐户上了，所以你就可以选择卖出了。

T+1 在全世界范围内是比较少见的！起始于 1995 年 1 月 1 日，主要是为了保证股票市场的稳定，防止过度投机，即当日买进的股票，必须要到下一个交易日才能卖出。实际上，T+1 的交易制度扼杀了散户的灵活性。

（2）交易时间

交易所有严格的交易时间，在规定的时间内开始和结束集中交易，以示公正。沪、深证券交易所规定，采用竞价交易方式的，每个交易日的9：15—9：25 为开盘集合竞价时间；上海证券交易所9：30—11：30、13：00—15：00 为连续竞价时间；深圳证券交易所9：30—11：30、13：00—14：57 为连续竞价时间，14：57—15:00 为收盘集合竞价时间，15：00—15：30 为大宗交易时间。

证券的开盘价为当日该证券的第一笔成交价格。证券的开盘价通过集合竞价的方式产生，不能产生开盘价的，以连续竞价方式产生。

4.股票的特别处理

公司上市的资格并不是永久的，当不能满足证券上市条件时，证券监管部门或证券交易所将对该股票做出实行特别处理、退市风险警示、暂停上市、终止上市的决定。这些做法既是对投资者的警示，也是对上市公司的淘汰制度，是防范和化解证券市场风险、保护投资者利益的重要措施。证券交易所对在主板上市和创业板上市的股票做出实行特别处理、退市风险警示、暂停上市、终止上市决定的标准也有所不同。

当上市公司出现财务状况异常或者其他异常情况，导致其股票存在被终止上市的风险，或者投资者难以判断公司前景，投资者权益可能受到损害的，交易所对该公司股票交易实行特别处理。

特别处理分为警示存在终止上市风险的特别处理（简称"退市风险警示"）和其他特别处理。退市风险警示的处理措施包括：在公司股票简称前冠以"*ST"字样，以区别于其他股票；股票价格的日涨跌幅限制为5%。

其他特别处理的处理措施包括：在公司股票简称前冠以"ST"字样，以区别于其他股票；股票价格的日涨跌幅限制为5%。

如图1-6就是曾经经历过特别处理的股票三联商社。因公司2007—2009连续三个年度亏损，公司股票于2010年4月29日起被上海证券交易所（以下简称"上交所"）暂停交易。2011年3月12日，公司披露2010年年度报告，经山东天恒信有限责任会计师事务所（以下简称"天恒信"）审计，2010年度公司实现归属母公司所有者净利润2,330.32万元。经公司申请，上交所审核同意，公司股票自2011年7月25日起在上交所恢复交易，撤销退市风险警示同时实施其他特别处理，公司股票简称由"*ST三联"变更为"ST三联"，股票代码600898不变.

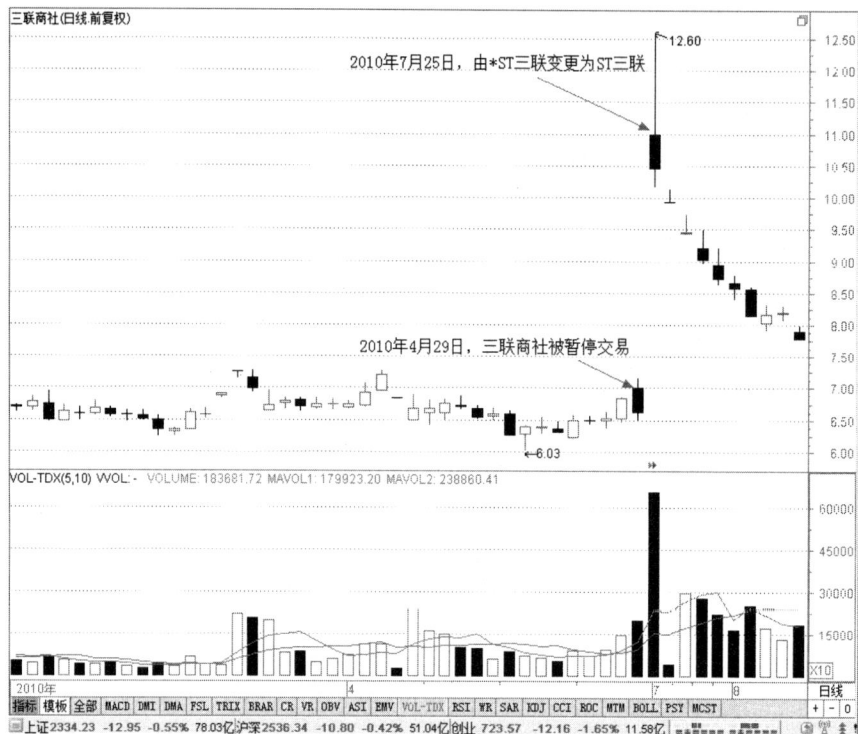

图1-6　三联商社的暂停交易与更名

经公司申请且上交所审核同意，公司股票于2011年11月11日停牌一天，自2011年11月14日起撤销其他特别处理，证券简称由"ST三联"变更为"三联商社"，股票代码仍为"600898"不变，公司股票的日涨跌幅限制将由5%恢复为10%。

5.交易单位与结算货币

交易单位是交易所规定每次申报和成交的交易数量单位，以提高交易效率。一个交易单位俗称"一手"，委托买卖的数量通常为一手或一手的整数倍。沪、深证券交易所规定，通过竞价交易买入股票的，申报数量应当为100股或其整数倍。卖出股票时，余额不足100股的部分，应当一次性申报卖出。股票交易单笔申报最大数量应当不超过100万股。

在申报价格最小变动单位方面，《上海证券交易所交易规则》规定：A股申报价格最小变动单位为0.01元人民币，基金交易为0.001元人民币，B股交易为 0.001 美元。《深圳证券交易所交易规则》规定：A 股交易的申报价格最小变动单位为 0.01 元人民币，基金交易为 0.001 元人民币，B 股交易为 0.01 港元。

另外，根据市场需要，我国证券交易所可以调整各类证券单笔买卖申报数量和申报价格的最小变动单位。

第二章

股票的价格与收益率

　　慧眼识大盘，也必然从股票这一大盘的基本要件说起。股票的价格如何形成？股价指数怎样计算？收益率如何比较？这些说起来简单，但是仔细看看，里面您不知道的绝对不止一丁点！大盘是整个股票市场表现的最直观体现。但是，我们必须要指明一点那就是大盘的演变并不完全是所有个股的加权，这其中必然有大盘分析的重点。只有把握了这些基本的概念和定义，对大盘的观察才能更深入，更地道，更富内涵。

一、股票价格

首先，让我们对股市上的股票的价格有一个直观的了解。如图 2-1 所示，我们从招商证券的股票行情与交易软件上截图了两个公司的报价，可知，2015 年 5 月 4 日平安银行的最近成交价为 16.52 元，流通股总量为 142.8 万手，总市值为 23.5 亿元。其中，现价是指股票最近一笔成交价，买入价指现有委托的最高报价，卖出价是指现有卖出委托的最低卖出价。

▼	代码	名称	∗	现价	涨幅%	总金额	买价	卖价	总量	现量
1	000001	平安银行	×	16.52	-1.08	23.5亿	16.52	16.53	142.8万	14755
2	000002	万 科A	×	14.55	-0.34	45.1亿	14.55	14.56	309.2万	17797

图 2-1　股票价格示例

然后，让我们看看股市上股票的价格大概都在多高的水平，如图 2-2 和 2-3 所示，当前在沪深两市的 A 股市场，全通教育的股票价格最高，达 340.7 元每股，而农业银行的股价则最低，为 3.83 元每股。这只是个简单的比较，公司股票的价格之所以高低不同，是因为各公司每股股票所含的净资产价值、未来盈利能力不一样。同一个公司，如果它发行的股票总量越少，每股股价就会越高。全通教育的股票总量较少，为 9741 手，而与其流通股总金额差不多的重庆钢铁，则股票总量有 77.89 万手，约为全通教育的 80 倍，股价自然就会相差很大。

▼	代码	名称	∗	现价↓	涨幅%	总金额	买价	卖价	总量	现量
1	300359	全通教育		340.70	-8.05	3.31亿	340.70	340.71	9741	27
2	300380	安硕信息		307.00	0.62	4.00亿	305.38	307.00	13021	213
3	600519	贵州茅台	×	254.97	1.09	14.0亿	254.80	254.83	54739	4
4	300384	三联虹普		199.10	0.81	3.86亿	199.10	199.20	19406	111
5	300399	京天利		195.74	-10.00	2.78亿	—	195.74	13907	80
6	300295	三六五网		194.00	-3.02	3.27亿	193.90	194.00	17054	118
7	600446	金证股份	×	179.62	0.37	9.48亿	179.94	179.95	52766	5
8	002739	万达院线		167.80	-0.83	5.89亿	167.80	167.90	34922	203
9	300418	昆仑万维	×	155.91	2.79	12.5亿	155.91	155.95	80431	708
10	300386	飞天诚信		154.74	-3.20	1.70亿	154.73	154.74	10869	70

图 2-2　某一交易日个股价格最高的十只股票

	代码	名称		现价↑	涨幅%	总金额	买价	卖价	总量	现量
1	601288	农业银行	×	3.83	-3.04	31.9亿	3.83	3.84	818.9万	4037
2	000725	京东方Ａ	×	4.63	-1.91	77.1亿	4.62	4.63	1622万	3604
3	600567	山鹰纸业		4.63	-2.32	5.99亿	4.62	4.63	126.5万	397
4	600569	安阳钢铁		4.63	-4.54	1.64亿	4.63	4.64	345005	1461
5	601005	重庆钢铁	×	4.64	-5.69	3.71亿	4.64	4.65	778930	1062
6	601988	中国银行	×	4.65	-3.73	43.9亿	4.64	4.65	927.5万	5262
7	600022	山东钢铁	×	4.82	-5.49	3.69亿	4.82	4.83	746249	308
8	000932	华菱钢铁		5.02	-2.33	3.74亿	5.02	5.03	719677	10
9	601003	柳钢股份		5.17	-4.26	8937万	5.16	5.17	169500	33
10	601398	工商银行	×	5.19	-3.71	28.0亿	5.18	5.19	529.1万	2607

图2-3　某一交易日个股股价最低的十只股票

以下列出了关于股价的相关术语：

开盘价：指每天成交中最先的一笔成交的价格。

收盘价：指每天成交中最后的一笔股票的价格，也就是收盘价格。

最高价：指当天股票成交的各种不同价格是最高的成交价格。

最低价：指当天成交的不同价格中最低成交价格。

涨跌：以每天的收盘价与前一天的收盘价相比较，来决定股票价格是涨还是跌。

多头：对股票后市看好，先行买进股票，等股价涨至某个价位，卖出股票赚取差价的人。

空头：是指变为股价已上涨到了最高点，很快便会下跌，或当股票已开始下跌时，变为还会继续下跌，趁高价时卖出的投资者。

二、股票的市场价格如何形成

为什么有的股票今天上涨了，而有的却下跌了呢？估价是如何在股市的嫁衣中形成的呢？在股票的交易市场上，供给者和需求者是通过"竞价"来实现成交的，成交的价格就是股票即时的价格。竞价包括"集合竞价"和"连续竞价"。

1. 集合竞价

所谓集合竞价就是在当天还没有成交价的时候，你可根据前一天的收盘价和对当日股市的预测来输入股票价格，而在这段时间里输入计算机主机的所有价格都是平等的，按最大成交量的原则来定出股票的价位，这个价位就被称为集合竞价的价位，而这个过程被称为集合竞价。

直到9：25分以后，你就可以看到证券公司的大盘上各种股票集合竞价的成交价格和数量。有时某种股票因买入人给出的价格低于卖出人给出的价格而不能成交，那么，9：25分后大盘上该股票的成交价一栏就是空的。当然，有时有的公司因为要发布消息或召开股东大会而停止交易一段时间，那么集合竞价时该公司股票的成交价一栏也是空的。

集合定价由电脑交易处理系统对全部申报按照价格优先、时间优先的原则排序，并在此基础上，找出一个基准价格，使它同时能满足以下3个条件：

（1）成交量最大。

（2）高于基准价格的买入申报和低于基准价格的卖出申报全部满足（成交）。

（3）与基准价格相同的买卖双方中有一方申报全部满足（成交）。

该基准价格即被确定为成交价格，集合竞价方式产生成交价格的全部过程，完全由电脑交易系统进行程序化处理，将处理后所产生的成交价格显示出来。这里需要说明的是：

第一，集合竞价方式下价格优先、时间优先原则体现在电脑主机将所有的买入和卖出申报按价格由高到低排出序列，同一价格下的申报原则按电脑主机接受的先后顺序排序；

第二，集合竞价过程中，两个以上申报价格符合上述三个条件的，上海证券交易所使未成交量最小的为成交价格，仍有两个以上是未成交量最小的申报价格符合上述条件的，以中间价为成交价。深交所取距前收盘价最近的价格为成交价。

集合竞价分四步完成。

第一步：

确定有效委托在有涨跌幅限制的情况下，有效委托是这样确定的：根据该只证券上一交易日收盘价以及确定的涨跌幅度来计算当日的最高限价、最低限价。有效价格范围就是该只证券最高限价、最低限价之间的所有价位。限价超出此范围的委托为无效委托，系统作自动撤单处理。

第二步：选取成交价位

首先，在有效价格范围内选取使所有委托产生最大成交量的价位。如有两个以上这样的价位，则依以下规则选取成交价位：

（1）高于选取价格的所有买委托和低于选取价格的所有卖委托能够全部成交。

（2）与选取价格相同的委托的一方必须全部成交。如满足以上条件的价位仍有多个，则选取离昨市价最近的价位。

第三步：

集中撮合处理所有的买委托按照委托限价由高到低的顺序排列，限价相同者按照进入系统的时间先后排列；所有卖委托按委托限价由低到高的顺序排列，限价相同者按照进入系统的时间先后排列。依序逐笔将排在前面的买委托与卖委托配对成交，即按照"价格优先，同等价格下时间优先"的成交顺序依次成交，直至成交条件不满足为止，即不存在限价高于等于成交价的叫买委托、或不存在限价低于等于成交价的叫卖委托。所有成交都以同一成交价成交。

第四步：行情揭示

（1）如该只证券的成交量为零，则将成交价位揭示为开盘价、最近成交价、最高价、最低价，并揭示出成交量、成交金额。

（2）剩余有效委托中，实际的最高叫买价揭示为叫买揭示价，若最高叫买价不存在，则叫买揭示价揭示为空；实际的最低叫卖价揭示为叫卖揭示价，若最低叫卖价不存在，则叫卖揭示价揭示为空。集合竞价中未能成交的委托，自动进入连续竞价。

因为集合竞价是按最大成交量来成交的，所以对于普通股民来说，在集合竞价时间，只要打入的股票价格高于实际的成交价格就可以成交了。所以，通常可以把价格打得高一些，也并没有什么危险。因为普通股民买入股票的数量不会很大，不会影响到该股票集合竞价的价格，只不过此时你的资金卡上必须要有足够的资金。

2.连续竞价

所谓连续竞价是指对买卖申报逐笔连续撮合的竞价方式。集合竞价结束后，证券交易所开始当天的正式交易，交易系统按照价格优先、时间优先的原则，确定每笔证券交易的具体价格。

价格优先原则表现为：价格较高的买进申报优先于较低的买进申报，价格较低的卖出申报优先于较高的卖出申报。即价格最高的买方报价与价格最低的卖方报价优先于其他一切报价成交。例如，许多股民同时买某只股票，此时该股票的价格是 10 元，如果甲股民输入的买入价格为 10.01 元，则甲股民优先成交。反之也是同理，许多股民同时卖某只股票，此时该股票的价格是 10 元，如果甲股民输入的卖出价格为 9.98 元，则甲股民优先成交。

时间优先原则表现为：同价位申报，依照申报时序决定优先顺序。电脑申报竞价时，按计算机主机接受的时间顺序排列；书面申报竞价时，按证券经纪商接到书面凭证的顺序排列。例如，如果大家都输入 10.01 元买入某股票，则按照先来后到排队等待成交，即谁先输入的买单，谁就先成交，如果大家都输入 9.98 元卖出，则按照先来后到排队等待成交，即谁先输入的卖单，谁就先成交。这就是时间优先。

连续竞价时，成交价格的确定原则为：

（1）最高买入申报与最低卖出申报价格相同，以该价格为成交价。

（2）买入申报价格高于即时揭示的最低卖出申报价格时，以即时揭示的最低卖出申报价格为成交价。

（3）卖出申报价格低于即时揭示的最高买入申报价格时，以即时揭示的最高买入申报价格为成交价。

凡不能成交者，将等待机会成交；部分成交者，剩余部分将处于等待成交状态。投资者的委托如未能全部成交，证券公司在委托有效期内可继续执行，直到有效期满。

连续竞价的委托价格显示在炒股软件的右上角的委买委卖处，大概每六秒钟更新一次，如图 2-4 所示。

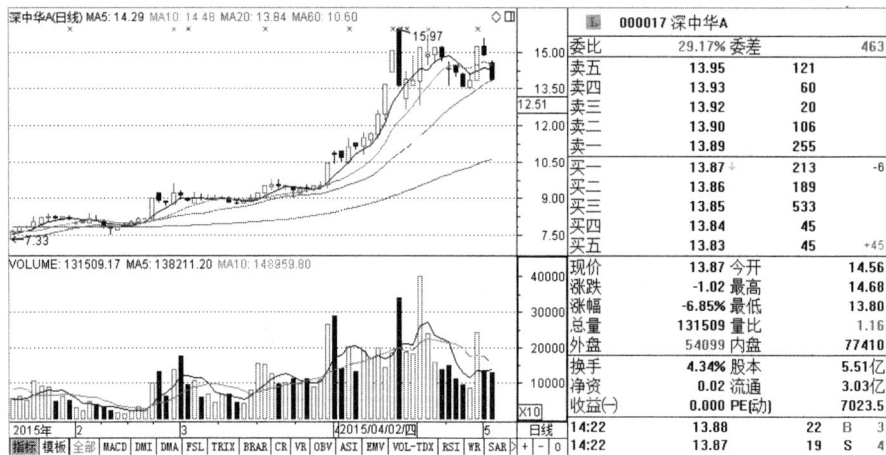

图 2-4　连续竞价的委托价格显示

三、股价指数

在此，本书主要简单的介绍比较常见的几个股价指数。

1. 上证综指

上证综合指数是上海证券交易所从 1991 年 7 月 15 日起编制并公布上海证券交易所股价指数，它以 1990 年 12 月 19 日为基期，以全部上市股票为样本，以股票发行量为权数，按加权平均法计算。遇新股上市、退市或上市公司增资扩股时，采用除数修正法修正原固定除数，以保证指数的连续性。上证综指如图 2-5 所示。

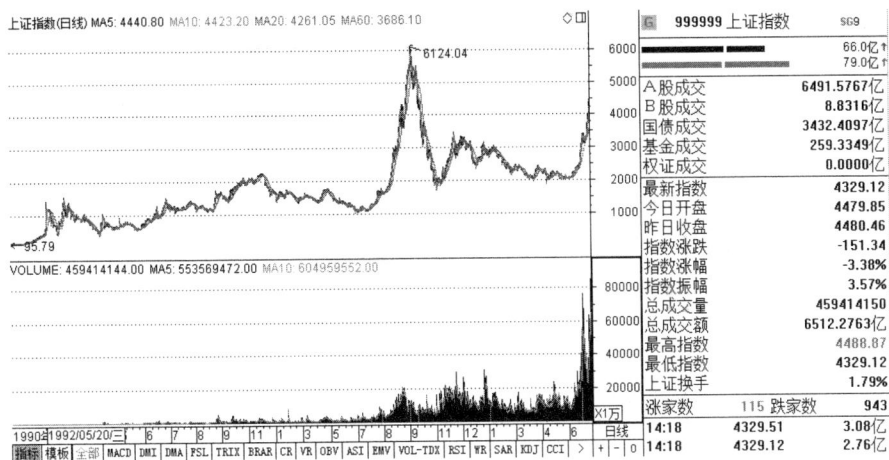

图2-5 历年上证综指运行图

2007年1月上海证券交易所宣布，新股于上市第11个交易日开始计入上证综指、新综指及相应上证A股、上证B股、上证分类指数，从而进一步完善指数编制规则，使指数更真实地反映市场的平均收益水平。

2. 新上证综指

新上证综合指数简称新综指，指数代码为000017，于2006年1月4日首次发布。新综指选择已完成股权分置改革的沪市上市公司组成样本，实施股权分置改革的股票在方案实施后的第2个交易日纳入指数。新综指是一个全市场指数，它不仅包括A股市值，对于含B股的公司，其B股市值同样计算在内。

新综指以2005年12月30日为基日，以该日所有样本股票的总市值为基期，基点为1000点。新综指采用派许加权方法，以样本股的发行股本数为权数进行加权计算。当成分股名单发生变化，或成分股的股本结构发生变化，或成分股的市值出现非交易因素的变动时，采用除数修正法修正原固定除数，以保证指数的连续性。新上证综指如图2-6所示。

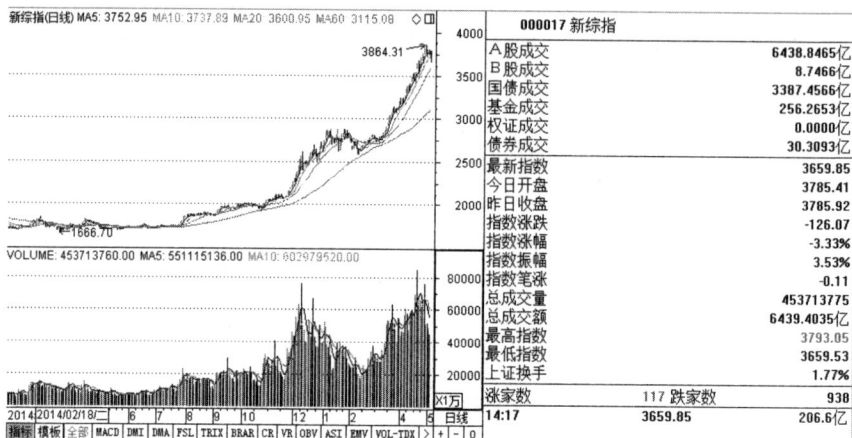

图 2-6　新上证综指

3. 深证综指

深圳证券交易所综合指数包括：深证综合指数、深证 A 股指数和深证 B 股指数。它们分别以在深圳证券交易所上市的全部股票、全部 A 股、全部 B 股为样本股，以 1991 年 4 月 3 日为综合指数和 A 股指数的基期，以 1992 年 2 月 28 日为 B 股指数的墓期，基期指数定为 100，以指数股计算日股份数为权数进行加权平均计算。当指数股的股本结构或股份名单发生改变时，改用变动前一营业日为基准日，并用"连锁"方法对指数计算进行调整，以维护指数的连续性。如图 2-7 所示为深证综合指数。

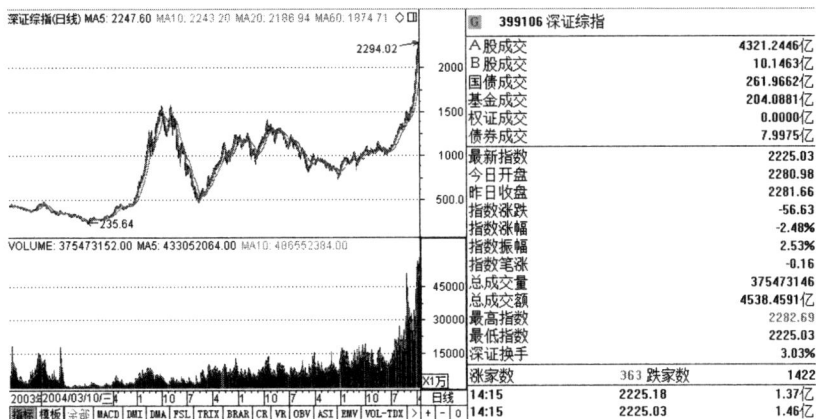

图 2-7　深圳综合指数

4. 中小板指数

中小企业板指数简称"中小板指数"，由深圳证券交易所编制。中小企业板指数以全部在中小企业板上市后并正常交易的股票为样本，新股于上市次日起纳入指数计算。中小企业板指数以最新自由流通股本数为权重，即以扣除流通受限制的股份后的股本数量作为权重，以计算期加权法计算，并以逐日连锁计算的方法得出实时指数的综合指数。中小企业板指数以 2005 年 6 月 7 日为基日，设定基点为 1000 点，于 2005 年 12 月 1 日起正式对外发布。如图 2-8 所示为中小板指数。

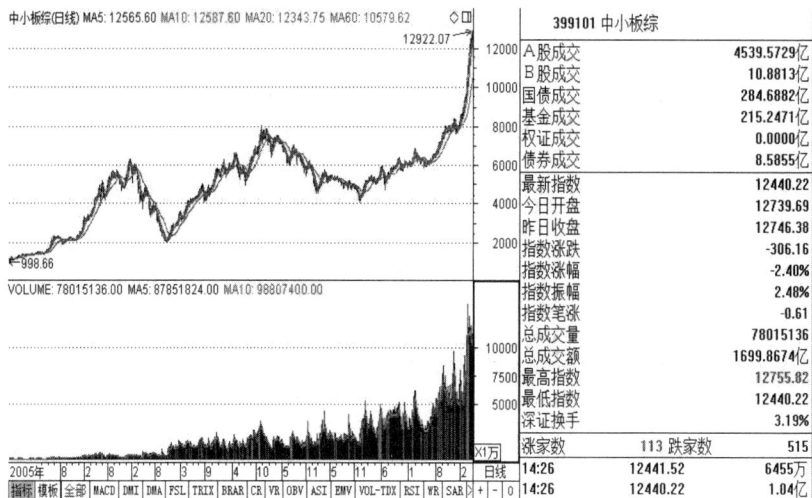

图 2-8　中小板综指

四、历史收益率

从我国股市于 1990 年建立至今 20 来年的时间里，越来越多的人将自己的资金投入到股市中去，我们都感觉股市里有人赚得盆满钵满一夜暴富，也有人亏得倾家荡产甚至跳楼自杀。那到底股市在历史上的平均收益率总体水平如何呢？比其他金融资产收益是高还是低呢？

表 2-1　沪市各阶段的股指变动幅度

时段	市场状态	指数变动幅度（%）
1999.02—2001.06	牛市阶段	99.0
2001.06—2002.01	熊市阶段	−32.7
2002.01—2002.06	牛市阶段	16.4
2002.06—2003.10	熊市阶段	−22.1
2003.10—2004.03	牛市阶段	29.5
2004.03—2005.05	熊市阶段	−39.0

续表

时段	市场状态	指数变动幅度（%）
2005.05—2007.10	牛市阶段	461.5
2007.10—2008.10	熊市阶段	−70.9
2008.10—2009.08	牛市阶段	97.2
2009.08—2010.07	熊市阶段	−33.3
2010.07—2010.11	牛市阶段	37.4
2010.11—2011.01	熊市阶段	−16.0
2011.01—2011.04	牛市阶段	14.6
2011.04—2012.01	熊市阶段	−30.5
2012.01—2012.02	牛市阶段	16.2
2012.02—2012.12	熊市阶段	−21.3
2012.12—2013.02	牛市阶段	25.4
2013.02—2013.06	熊市阶段	−24.3
2013.06—2013.09	牛市阶段	22.7
2013.09—2014.03	熊市阶段	−13.0
2014.03—2015.05	牛市阶段	131.6

从上表可以看出，股票价格指数在牛市和熊市中的表现是相差很大的，比如在 2007.10 至 2008.10 这一年，股价指数下降了 −70.9%，也就是说上海交易所的所有股票的的平均价格水平下降了 −70.9%，可见这一年的股票收益率是很低的。而在 2014.03 至 2015.05 这大概一年的时间里，股价指数上升了 131.6%，年化收益率是很高的。因此，股票相对于存款、债券的收益波动性更大，行情好的时期收益率很高，熊市时收益率则非常低，是负数。这也印证了收益与风险成正比这句证券投资里的老话。

每一个经历过股市大起大落的股民，都对股票投资收益率有刻骨铭心的记忆和"过山车"般的感觉。图 2-9 是上海 A 股指数从 2005 年 10 月到 2009 年 10 月四个阶段的变化图示。2005 年，指数只有 1122 点，到 2006 年 10

月升值 2000 点附近，接着持续猛涨至 2007 年 10 的 6429 点，当金融危机出现征兆时，股指开始一泻千里、一挫再挫，一年后的 2008 年 10 月回到了 06 年的水平 2000 点附近，在各种宏观政策的作用下，股市开始逐渐回转，在 09 年升至 3000 多点。可见，股市的总体收益率水平在某个行情阶段就可翻好几倍，在另一个行情又可能亏损相当得大。

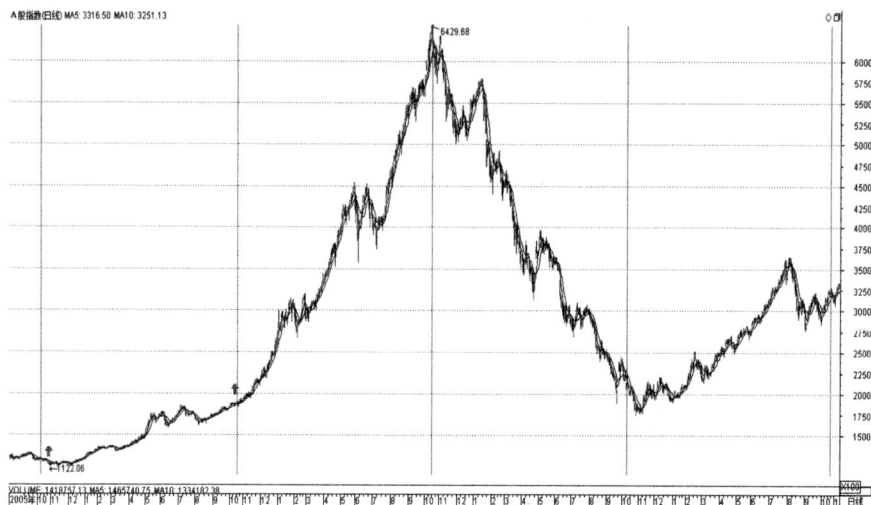

图 2-9　2006 年到 2008 年股市的大涨大落

第三章

防范风险的黄金法则

　　看大盘、炒股票的过程中我们将时时刻刻面临各种各样的风险。看大盘是一项技术活儿，在此过程中能有效把握住风险才能笑傲股市。那么风险是什么？用稍微专业一点的术语解释就是：收益或者风险的不确定性。换句话说，正是由于风险这种不确定性的存在，所以才有在股市上赚取超过平均利润收益的可能。那么风险具体以怎样的方式存在呢？又体现在哪些方面呢？如何用各种方法来防范或者利用风险呢？这是本章将讲解的主要内容。

一、不良心态股市伤不起

态度不能决定一切，但没有好的态度，没有好的心态，在股市就没有办法生存，不良心态极有可能让你"身败名裂"，死得很惨。本节将告诉您一些不良心态导致的股市之"死法六种"，归纳其前提假设，曝光不良心态，同时也指出了一些其他的常见的失误。希望对于您树立正确的心态有所帮助。

1．"不良心态死法六种"

炒股如战争，资本如军队，却比国家的军队更凶猛。透过一条小小电线，就可在万里之外的别国提取大量金钱，让他国人民的血汗化为己有。何用飞机大炮！ 美国的华尔街内蝴蝶的轻舞翅膀，中国这边股市就会波涛汹涌，正是所谓蝴蝶效应。

现实生活中，许多人，尤其是新股民朋友总是生活在幻觉中，以为炒股必可富甲天下，而不想付出辛苦的代价：匆匆入市，却常常劳神费时，事与愿违，何解？因为人们不知道炒股的"六种死法"和"常见误区"。不精其理而长稳胜算者，今古未闻。

（1）死法一：逆势

潜在假设：逢低吸纳，抄底运动。

心态启示：天下没有免费的午餐！

买卖股票的第一步就是选股，很多人以为，股票价格低的话，那么就算跌也跌不到哪儿去，就好像去淘东西，价格摆那儿，利润肯定依附于价格，价格低，那么利润再高也就那么多，类比于股市，那就是逢低吸纳，买底部股。但是谁敢说这个底到底在哪里呢？

记得有一个刚入市不久的朋友发现有一只股票从 10 元跌到 6 元，他认为这只股票已经跌了将近一半，是底部了，便大胆买入，一个月后这只股票又跌了 4 元多钱，这位朋友想：这回应该是底部了，又进行补仓，没想到还没出一个月，这只股票又跌去 1 元多，于是他心里就没底了，害怕这只股票继续跌下去，在 3 元附近忍痛割肉出局。这其实就是许多散户朋友"抄底运动"的真实写照。底部很少是你所能想象到的价位，试想如果多数人能够看到这个底部，那么庄家到哪去收集便宜的筹码呢？因此记住，千万不要轻易买便宜的东西，根据效率市场理论，如果有便宜，早就让别人占去了，哪儿能轻易轮到我们普通大众：论资金，机构比我们多；论经验，基金经理比我们丰富；论人数，散户倒是占大头，可是这么多，您觉得你一定是那位幸运观众吗？市场上很少能占到便宜，不是每个人都像 XXX 一样幸运。

（2）死法二：死守

潜在假设：股价会向股票的内在价值回归。

心态启示：把握现在，而不能太着眼于未来。

有人在 30 元买入了中石油，大家都知道，中石油上市发行价是 48 元左右，到三十已经下跌了三分之一，但不幸的是，买不久，发现股价依然往下跌至 28.26，市道明显不对劲，让他跑，人家说即使跑也得等反弹不亏，匪夷所思！结果，一跌回到解放前，中石油股价最终落脚在 18 元左右，股市吸取了倾国之能量，漠视天下群雄，连政府都很难改变其走势，你能跟钱斗气，只有在口袋的钱，那才是真正属于自个儿的真金白银。

所以既然进了股市，就要有亏钱的心理准备。"愿赌就要服输"，在股市里那种不容易赚钱而经常被套亏钱，是再正常不过的事情，最重要的是不要把自己的心态给弄坏了。大部分股民就是因为自己的心态变坏了，从而陷入不断亏钱的恶性循环之中。盲拳也能打死老师傅，但是终究难成大气，对局势有疑惑，发现大势不对，趁陷得不深，早点割肉走人，才是正道。

炒股是一场马拉松，首先最重要的是要时常保证一颗平和的心，不以涨喜，不以跌悲。其次炒股一定要认大势，善于把握大方向。只有大方向正确了，我们才能劳有所得，并能有效回避系统的风险。

（3）死法三：破釜

潜在假设：一分耕耘一分收获，那一门心思钻进去，一定有好回报。

心态启示：股票投资要量力而行。

2002 年，B 先生夫妻双双下岗，每月的工资加起来不过 3000 元。然而，孩子要上学，家小要开销，工作又难找，A 先生便想靠炒股赚钱。他从朋友的朋友处得知，某某股票要涨，便把家里所有的积蓄拿出来"一枪头"全部投入。然而，大熊市不期而至，A 先生的一家一当全部套牢，简直要以头撞墙。

股票投资要量力而行，向其他事情一样，我们需要把握一个度，不能说是牛市，棺材本儿都可以投进去，静等钱生钱。量力而行，需要我们量财力而行，量精力而行，乃至于量能力而行，然后在尽力而为。股票投资，如果不求稳，不量力而行，失败是迟早的事，可能一开始凭运气有那么一小段的得意，但是从长期看，不量力而行的后果很严重：许许多多股民赔的一塌糊涂的一个重要原因就在没有做到量力而行，过于轻信别人的宣传和蛊惑，一门心思投身股海，结果可想而知。

（4）死法四：迷信

潜在假设：内幕消息最可靠。

心态启示：要有自己的判断和依据。

许多投资者尤其是中小散户平时炒股最爱听消息，迷信消息，打听哪只股票是黑马，结果常常却是丢掉了黑马却骑上了死马。市场上有这样一句名言："谁都知道的好消息，决不是好消息；谁都知道的利空，决不是利空。"因为市场上的庄家做盘，他要讲故事给散户听，你想他会说真话吗？底部建仓时，他会告诉你他建仓了吗？到了顶部，他会告诉你他要发派吗？

我们不是不重视消息的价值，但我们绝大多数人得到的消息是不全面的和错误的。如果说真有人持有股票有知道内幕消息的话，除非大股东，他是不可能告诉你的，或者是其他相关人员，但是我国证券法有规定，他们把内幕消息告诉你，你再去交易的话就属于内幕交易行为，这种行为不仅无效而且违法。泄露消息的人也会受惩罚，因此，不会有人告诉你真正的内幕消息。

市场分析人士大多出于学校或某投资公司，没有经过大资金实战运作，对股市凭想象而评论，一些非常荒唐可笑的理论也会出现在电台、电视台。他们缺乏重要的实战炒股经验，有的在电视台只是拉会员赚钱，从来不顾大盘走向，大大唱多，涨的好的股票皆是他们推荐，甚至在大盘暴跌之前都还乐此不疲地推荐一只只股票，结果许多股民听了这种误导输得惨不忍睹。如今，市场上鱼龙混杂，许多人号称"专业人士"，但他们只会收昂贵的会员费，输钱是不赔的，投资者千万不要上当。

（5）死法五：缺席无备

前提假设：炒股是小儿科，我做长期投资。

心态启示：做任何事要有备无患，要认真做事。

没有一定的精力准备，身体有毛病，心浮气躁，志散气虚；没有一定的心理准备，未作持久打算，只是顺一杯羹；没有一定的设备准备：网络堵车，又无应急线路；没有一定的技术准备：图表资料有限或不足，实时行情不能随时看货看不懂，不能品出个种滋味，方法不熟，不经预演：这些统统是没有准备的具体体现，试想，股票市场岂能儿戏，有时很有可能碰上熊市，然后输光短裤……

炒股也要一切从实际出发，最大的实际就是顺势而为，要跟势，上升就进场，下跌早离场，不论时间长短，也没有固定周期，不能机械的认为自己在做长线或短线，否则，很可能长线短做或短线长做，炒股的本质就是投资，投入资本，赢得获利盈利的机会，目的是赚钱。因此，大市走向要多关注，不能认为炒股是小儿科，更不能自以为是在做长线，从长期来看，我们都将要死去。大市准备狂跌，难道您还能死守做长线？股灾一到，玉石俱焚，分散投资也难逃一劫，战略撤退，掌握主动，才是至道。

（6）死法六：密集操作

前提假设：追涨杀跌，寻找黑马横财。

心态启示：命里有来终须有，命中无来莫强求。

股市是个很折磨人的地方，有时你一买就跌，一卖就涨，常有朋友把手中的好股卖早了，结果一路高歌猛进，极为后悔，其实这除了心态不合格外，还有就是缺乏专业，缺乏信心，看见手中的股票迟迟不涨，大盘或其它股早就涨了很多，情急之下，错杀了一支即将飙升的绩优股。其实有的好股真的要守候，要经得起大风大浪的冲洗，阳光总在风雨后。可能有些朋友会反问，解套赚钱不是要换股操作，取而代之吗？但实际上，调仓换股是有条件的，必须是建立在不具备做短线的优势，也不具备做中线的价值的弱势个股，此类个股是坚决要换股，取而代之的。

所以，在股市操作中，务必对专业有一定的认识，务必对手中持有的个股做理性的评估，综合去分析。确实是好股，有潜力可挖的时候，你就要耐心去等待，更要相信你最初的研判，不要理会大盘或个股的涨跌如何，要保持良好的心态，种好你的一亩三分地就可以了，没有播种的寂寞，就没有收获的喜悦。

以上死法告诉我们：股市操作中，要顺势而为，市场永远是我们最好的老师。与市场斗，其乐无穷，但结果可能是倾家荡产，贻笑后人。再就是千万不要自己骗自己，自欺欺人，要学会了解自己，自己都不能了解自己，又如何去了解大盘和个股呢？也许有的朋友们会认为，说得容易，做到就难了。没错，这的确是理论，但没有理论做工具，你又如何去实践呢？我相信这些都是股市里的精华，都是总结出来的血的教训和宝贵经验。能不能做到那是个人问题，我也相信很少人能做到，因为股市里赚钱的人也很少，你愿意做股市里那些"少数人"吗？行胜于言！如果你做得不好的时候，不妨试改变一下自己的操作思路，也许有新的转变！

2．其他常见不良心态

（1）基本面啊伤不起

炒股不能看所谓的业绩，公司的基本情况现在人人都能看到，业绩就算好的不能再好，全中国股民都能看到并全部买进，更何况业绩的真实性问题总不是那么容易弄清楚，同时业绩会随着市场状况的不同而变化，而且往往都在个股阶段性头部，好业绩象变戏法般地出来了，一旦欺骗发牌成功，撤庄后他就全不管了。

（2）不止损啊伤不起

有的同仁见一次止损后没几天股价又涨了回来，下次就抱有侥幸心理不再止损，这是不行的。要知道"截断亏损，让利润奔跑"，确是至理名言啊。但话又说回来，如果没有自己的赢利模式，那么结局大都也就是买入，止损，再买入，再止损，如此循环往复。我们一定要在彻底的对公司的情况进行分析后，再决定是继续持有还是抛售，不能抱着任何侥幸的心理，更不能盲目的跟风。

（3）持股太多伤不起

这主要是因为没有自己选股的方法，炒股只靠别人推荐。今天听朋友说这个股票好，明天看电视说那个股也好，结果一下就拿了十多只股票，搞得自己手忙脚乱。也有人说，江恩不是说要把资金十等份吗？那是对大资金说的，你一个小散户区区几万元资金也要十等份吗？一般认为，散户持股三只左右是比较合适的。

（4）多头思维伤不起

散户们总是抱有多头思维，总是想着第二天要涨，这种思维让大家在2001年后的大熊中吃够了苦头。其实在沪深股市，牛短熊长是不变的主旋律，机构喜欢唱多，那是因为只有散户做多，他们才有饭吃。对于我们散户来说，看紧你的钱袋才是最重要的。我们要做的就是像猎豹一样，时机不成熟决不动手，一旦出手，至少要有七成以上的胜算。在沪深股市，其实有一些胜率将近100%的法，虽然出现的频率较低，但你若能抓住，平均每年也能给你带来十个点左右的收益。

二、你可能面临哪些风险

讲解各种风险，目的在于帮助投资者了解这些风险都是通过什么方式影响到股票价格的，是基本分析最重要的一环，所以投资者一定要在市场环境的变化中准确的嗅到风险的机会，是赚钱的机会还是有可能亏损？从而做出正确的投资决定。

西方证券分析家将所有的证券投资风险分为系统风险和非系统风险两部分，如图 3-1 所示：

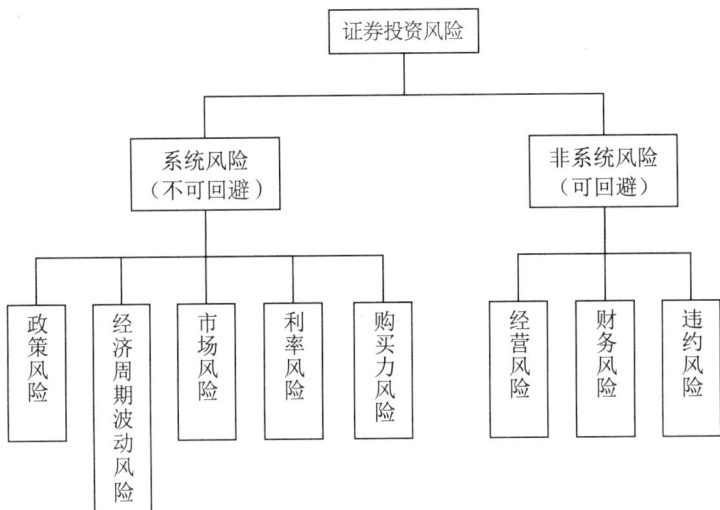

图 3-1　证券投资的风险

1. 系统风险

系统风险是指由于某种全局性的共同因素引起的投资收益的可能变动，这种因素以同样的方式对所有证券的收益产生影响。在现实生活中，所有企业都受全局性因素的影响，这些因素包括社会、政治、经济等各个方面。由于这些因素来自企业外部，是单一证券无法抗拒和回避的，因此称为不可回避风险。

系统风险包括政策风险、经济周期波动风险、利率风险和购买力风险等。例如，国家某项经济政策变化，有关法律的制订，甚至政府成员的更换等，都会影响整个证券市场价格。

（1）政策风险

政策风险是指政府有关证券市场的政策发生重大变化或是有重要的法规、举措出台，引起证券市场的波动，从而给投资者带来的风险。

政府关于证券市场发展的规划和政策是长期稳定的，在规划和政策既定的前提条件下，政府可以运用法律手段、经济手段和必要的行政管理手段引导证券市场健康、有序地发展。

但是，在某些特殊情况下，政府也可能会改变发展证券市场的战略部署，出台一些扶持或抑制市场发展的政策，制定出新的法规或交易规则，从而改变市场原先的运行轨迹。特别是在证券市场发展初期，对证券市场发展的规律认识不足、法规体系不健全、管理手段不充分，更容易较多地使用政策手段来干预市场。

由于证券市场政策是政府指导、管理整个证券市场的手段，一旦出现政策风险，几乎所有的证券都会受到影响，因此属于系统风险。

（2）经济周期波动风险

经济周期波动风险是指证券市场行情周期性变动而引起的风险。这种行情变动不是指证券价格的日常波动和中级波动，而是指证券行情长期趋势的改变。证券行情变动受多种因素影响，但决定性的因素是经济周期的变动。

证券行情随经济周期的循环而起伏变化，总的趋势可分为看涨市场或称多头市场、牛市和看跌市场或称空头市场、熊市两大类型。在看涨市场，随着经济回升，股票价格从低谷逐渐回升，随着交易量的扩大，交易日渐活跃，股票价格持续上升并可维持较长一段时间；待股票价格升至很高水平，资金大量涌入并进一步推动股价上升，但成交量不能进一步放大时，股票价格开始盘旋并逐渐下降，标志着看涨市场的结束。看跌市场是从经济繁荣的后期开始，伴随着经济衰退，股票价格也从高点开始一直呈下跌趋势，并在达到某个低点时结束。

看涨市场和看跌市场是指股票行情变动的大趋势。实际上，在看涨市场中，股价并非直线上升，而是大涨小跌，不断出现盘整和回档行情；在看跌市场中，股价也并非直线下降，而是小涨大跌，不断出现盘整和反弹行情。但在这两个变动趋势中，一个重要的特征是：在整个看涨行市中，几乎所有的股票价格都会上涨；在整个看跌行市中，几乎所有的股票价格都不可避免地有所下跌，只是涨跌程度不同而已。

（3）市场风险

市场风险，是指因政治、经济的宏观因素，股份公司的微观因素，以及技术、人为因素等个别或综合作用于股票市场，致使股票市场的股价大幅度波动，从而给投资者带来经济损失的风险。它是由国民经济形势的变化或股票市场上不可预见的变动而影响到股票价格，以致给投资者带来损失的可能性。

股票的价格，从本质上说，是不稳定的，时起时伏，变幻莫测，这种频繁波动，很难预料。股市价格的波动性，给投资者带来了难以消除的风险。既有低度的风险，又有中度的风险，更有高强度的风险。

市场风险中最大风险是股市风潮风险。从西方国家的股市看，股市风潮是经常发生的，而且还会发生股市危机的情况，在发生股市危机时，股票市场的价格一落千丈，这时就是股票投资者的灾难，是股票投资者最大的风险。

1987 年 10 月中旬，西方股市暴跌风潮，同年 10 月 19 日，代表纽约股票市场价格的重要指数——道·琼斯 30 种工业股票平均价格指数在一天之内暴跌了 508.34 点，跌幅高达 22.6%，大大超过了 1929 年 10 月 28 日股票市场崩溃之日 12.8% 的下跌幅度。据估计，在当天的几个小时内美国的投资者就损失了 5000 多亿美元。这一天，曾被投资者"称之为黑色星期一"。如图 3-2 所示，反映了道琼斯工业指数暴跌的景象。

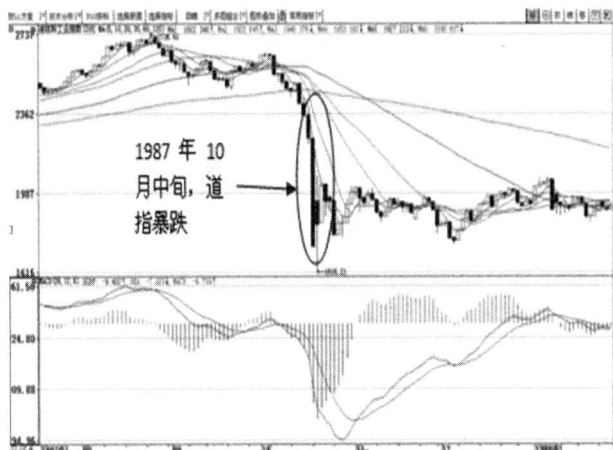

图 3-2　1987 年 10 月道指暴跌

（4）利率风险

利率风险是指市场利率变动引起证券投资收益变动的可能性。市场利率的变化会引起证券价格变动，并进一步影响证券收益的确定性。利率与证券价格呈反方向变化，即利率提高，证券价格水平下跌；利率下降，证券价格水平上涨。

股票价格对利率变动是极其敏感的，当利率变动时，股票价格会迅速发生反向变动，如图 3-3 所示，2011 年 2 月 8 日晚，中国人民银行宣布将从 2 月 9 日起，上调金融机构人民币存贷款基准利率 0.25 个百分点。在指数走势情形一路大好的情况下，当日收出了一根阴线。各类金融股，如深发展、宏源证券等股票当天全部走出阴线走势。

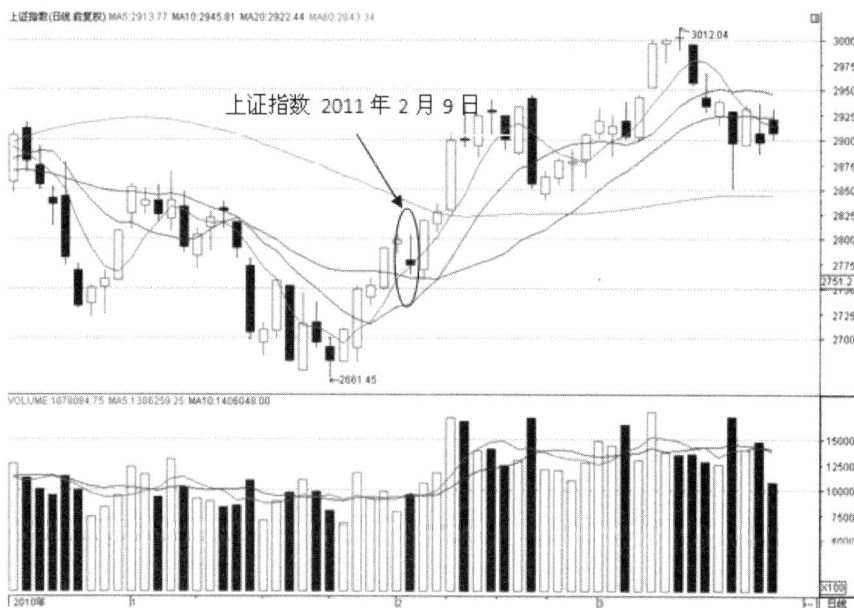

图 3-3　2011 年 2 月 9 日上证指数走势

（5）购买力风险

购买力风险又称通货膨胀风险，是由于通货膨胀、货币贬值给投资者带来实际收益水平下降的风险。在通货膨胀条件下，随着商品价格的上涨，证券价格也会上涨，投资者的货币收入有所增加，会使他们忽视购买力风险的存在并产生一种货币幻觉。其实，由于货币贬值，货币购买力水平下降，投资者的实际收益不仅没有增加，反而有所减少。

一般来讲，可通过计算实际收益率来分析购买力风险：

实际收益率 = 名义收益率 - 通货膨胀率

这里的名义收益率是指债券的票面利息率或股票的股息率。例如，某投资者买了一张年利率为10%的债券，其名义收益率为10%。若1年中通货膨胀率为5%，投资者的实际收益率为5%；当年通货膨胀率为10%时，投资者的实际收益率为0；当年通货膨胀率超过10%时，投资者不仅没有得到收益，反而有所亏损。可见，只有当名义收益率大于通货膨胀率时，投资者才有实际收益。

一般说来，率先涨价的商品、上游商品、热销或供不应求商品的股票购买力风险较小，国家进行价格控制的公用事业、基础产业和下游商品等股票的购买力风险较大。在通货膨胀之初，企业消化生产费用上涨的能力较强，又能利用人们的货币幻觉提高产品价格，股票的购买力风险相对小些。当出现严重通货膨胀时，各种商品价格轮番上涨，股价即使上涨也很难赶上物价上涨，此时普通股也很难抵偿购买力下降的风险了。

2. 非系统风险

非系统风险是指只对某个行业或个别公司的证券产生影响的风险，它通常由某一特殊因素引起，与整个证券市场的价格不存在系统、全面的联系，而只对个别或少数证券的收益产生影响。

这种风险可以通过分散投资来抵消。若投资者持有多样化的不同证券，当某些证券价格下跌、收益减少时，另一些证券可能价格正好上升，收益增加，这样就使风险相互抵消。非系统风险是可以抵消、回避的，因此又称为可分散风险或可回避风险。

非系统风险包括信用风险、经营风险、财务风险等。

（1）经营风险

经营风险是指公司的决策人员与管理人员在经营管理过程中出现失误而导致公司盈利水平变化，从而使投资者预期收益下降的可能。

经营风险来自内部因素和外部因素两个方面。企业内部的因素主要有：企业的发展战略定位不准，导致对未来的收益预期减少、投资决策失误、不注重新产品的开发、营销方式出现问题等等；外部因素是公司以外的客观因素，如政府产业政策的调整、竞争对手的实力变化使公司处于相对劣势地位等，引起公司盈利水平的相对下降。但经营风险主要还是来自于公司内部的决策失误或管理不善。

例如，2009 年年底，民营影视业巨头华谊兄弟成功登陆深圳创业板，成为国内第一家上市的影视企业。良好的业绩、新鲜的概念以及明星持股的眼球效应，使其一时成为创业板的"宠儿"。开盘首日华谊兄弟的股价一路飘红，一度摸高 91.8 元／股，最终收于 70.81 元／股，较 28.58 元／股的发行价上涨了 147.76%。但随后股价开始回落，受 2010 年上半年度财务报告不乐观等原因影响，其股价更是一路下滑。

2010 年 9 月，有着华谊兄弟"一哥""一姐"之称的黄晓明、周迅等艺人相继出走，使得华谊兄弟深陷旗下艺人解约风波，也给其股市前景打上了灰色的痕迹。对于主打明星效应的华谊兄弟而言，人才是其最核心的资源优势，而人才结构的稳定与否，也是其股市晴雨表最为直接的参照。

另外，华谊兄弟 2010 年第三季度的财务报表显示，其第三季度电影业务票房分账及版权收入占总收入比重的 88%，冯小刚出品的《唐山大地震》收入比重占票房分账及版权收入的 76.7%。对于华谊兄弟这种过度依靠商业影片和冯小刚等导演的个人影响力的经营模式，业界一直质疑颇多。试想，即使是米高梅这样具有深厚历史底蕴的公司都可能因为投资一部影片失利破产，这不能不给国内尚处于发展初期的影视企业以深刻的警示。

由于以上原因，市场对于华谊的经营模式信心不大，反映在股价上就是价格的下跌，如图 3-4 所示，华谊上市首日股价以及 2010 年 9 月因为大牌艺人出走而对股价造成的影响。

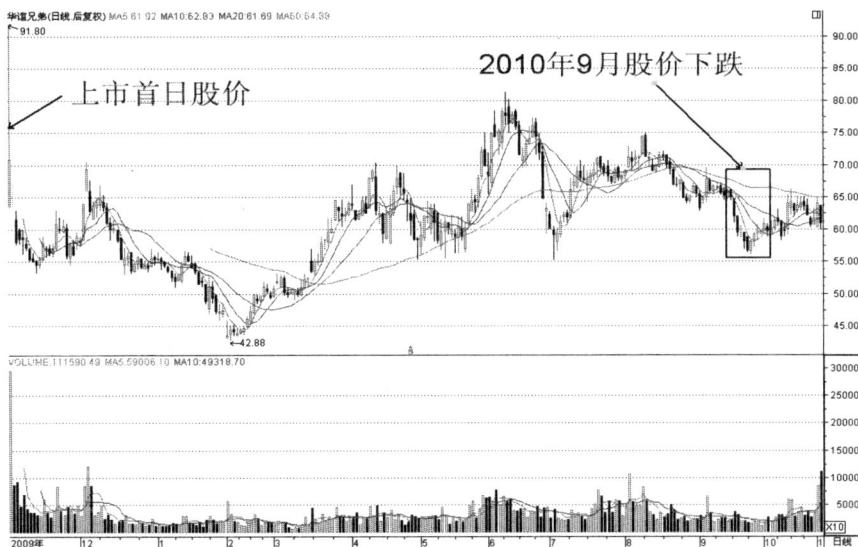

图 3-4　华谊兄弟股价

（2）财务风险

财务风险是与企业及其融资方式相联系的风险，它是由于企业资金困难，采取不同的筹资方式而带来的风险。

企业股票投资的财务风险的大小，可以通过企业借贷资金的多少来反映，企业的偿债能力是投资者考虑财务风险的关键问题。债务负担重，偿还能力弱的企业比起债务负担轻，偿还能力强的企业财务风险大，投资者可以通过对企业资产负债表的分析判断财务风险大小，明确自己的投资对策，把股票投资转向债务负担轻，偿还能力强，股息红利高的企业，以回避财务风险的损失。

当然，投资者了解上市公司财务信息的方式就是通过其定期披露的财务报表以及其重大事项，如果一个上市公司财务信息披露都出现问题，那么势必会对股价造成影响。

如图 3-5 所示为绿大地（002200）的股价走势图，2010 年 12 月 21 日，该公司发布重大公告决定从 22 日股票停盘，紧接着是 12 月 23 日，绿大地公告称"收到控股股东何学葵的通知，其持有的绿大地 4325.7985 万股限售流通股于 2010 年 12 月 20 日被公安机关依法冻结，其中 2300 万股此前已质押。"其原因正是此前这家公司涉嫌财务信息披露违规而被证监会调查。

这一消息使得绿大地在 12 月 23 日和 24 日的股价出现连续两个无量跌停的"一字板",接下来的两个交易日,绿大地的股价再次下挫 5.5% 和 9.11%,4 个交易日累计 30% 的跌幅让投资者损失惨重,转眼之间 17.5 亿市值灰飞烟灭。

2010 年最后一周的下跌,使得绿大地当年股价最终下跌 7.53%,而同样在中小板挂牌上市的同行东方园林(002310)当年股价累计上涨 275.38%,另一家上市仅仅半年多的棕榈园林(002431)也迎来了约 117.46% 的涨幅。

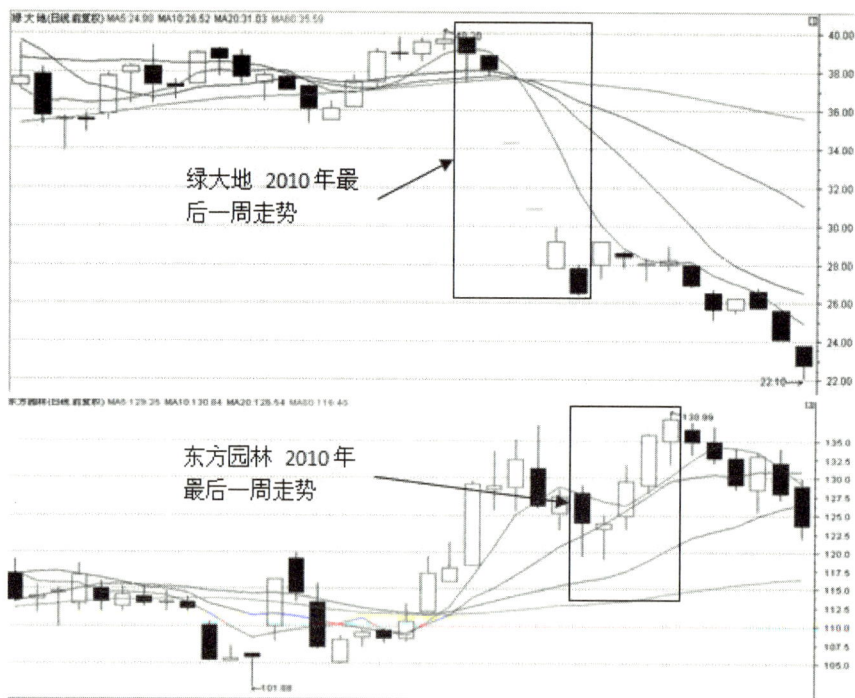

图 3-5　绿大地与东方园林 2010 年最后一周股价走势图

（3）违约风险

违约风险,是指发行人在分红和股息到期时不履行或延期履行支付而使投资者遭受损失的风险。企业由于种种原因,盈利率常常发生变动,当盈利减少时,则减少这种支付能力,就可能使投资者减少收益。可见,公司的盈利与否,决定着违约存在与否。股份企业由于经营状况欠佳,出现盈利下降的情况时,该股票的市场价格一般会出现下降的趋势。

综上所述，股票发行企业的经营状况对于投资者来说是可能带来大小不同程度的风险。因此，股票投资者，特别是主要以获得股息和红利为投资收益的投资者，必须客观地分析，准确地判断企业的经营状况和发展前景，采取相应的防范措施：首先在购买股票前，要分析财务及公司的未来规划，考察公司以往的盈利情况。当某上市公司能够提供一个有吸引力的收益时，就购进股票，而当收益减弱就要适时转让，以防不测。

三、防范风险之——止盈与止损

交易者最珍贵的财富是他们的初始资本，如果他们不尽最大努力去阻止本金损失的话，他们将注定会失败。接受快速的小的损失是交易者保证本金的仅有的方法和工具。

但是交易者不仅要愿意接受快速的但是可控制的损失，他们还必须接受损失将永远是他们交易生活的一部分的事实。大多数奋斗的交易者花费他们全部的交易生涯去避免损失。他们不停地从一个经纪人转向另一个经纪人，一个服务转向另一个服务，一种通讯转向另一种通讯，一种交易系统转向另一种交易系统，希望，祈祷，誓死找到"圣杯"——那种完美的、渺茫的能够带来报酬丰厚的、不可置信的、令人垂涎的收益而没有一点损失的方法。一句话，那是不可能的。

为什么？因为成功的交易就像成功的生活一样，是由我们控制损失的好坏决定的，而不是由我们避免损失的好坏决定的。如果你真的想成为一个精明的交易者，通过让损失变小，学会如何专业的止损，这才是关键。

止损操作是作为风险投机市场中控制损失扩大化的有力手段。在实际操作中，最有效的止损操作方法是定额止损法。它是指将亏损额设置为一个固定的比例，一旦亏损大于该比例就及时平仓。它一般适用于两类投资者：一是刚入市的投资者；二是风险较大的市场（如期货市场）中的投资者。止损比例的设定是定额止损的关键，定额止损的比例由两个数据构成。

1. 投资者能够承受的最大亏损

这一比例因投资者心态、经济承受能力等因素的不同而不同，同时也与投资者的赢利预期有关。

2．交易品种的随机波动

这是指在没有外界因素影响时市场交易群体行为导致的价格无序波动。定额止损比例的设定是在这两个数据里寻找一个平衡点。这是一个动态的过程，投资者应根据经验来设定这个比例。

例如图 3-6 所示，江西铜业（600362）在 2009 年 11 月 26 日创出新高45.73 元，横盘整理后，开始下跌，如果投资者能及时止损，即使是以 10% 止损，41.30 元左右卖出，也能避免在 21.85 处遭受 50% 以上的亏损。

图 3-6　江西铜业 K 线走势图

止损在具体实施过程中要注意的是：绝对不能等到亏损已经发生时才考虑用什么标准止损。投资者一定要在投资买入前就制订周详的止损计划和止损标准，只有这样才能有备无患，一旦发觉研判失误时，才能果断止损。此外，还需要说明的是，有些投资者认为止损是熊市的策略，强市中不需要止损，这是一种错误的观念。其实，强势也需要止损，特别是在基本面等市场环境出现重大变化或投资者对行情的研判出现重大失误的情况下。

另外，在止损操作中，还包括特殊的一类，那就是止平操作，止平操作说的是当股价滑落到保本价时坚决卖出的一种操作方法。重点在于投资者要计算出自己的保本价是多少，采用保平操作需要投资者了解两个方面的费用。

首先，了解股票交易的费用标准。投资者根据自己所在营业部的具体佣金标准和证券交易印花税标准，结合自己的成交金额进行计算，从而得出自己的保本价。

其次，根据持股的时间计算机会成本。让我们举例来说明机会成本，假如某投资者买进100万元的股票，持有一年时间，那这笔资金就会被股票所占用，没有取得其他收入。如果假设该投资者将100万元资金存入银行，按照现行利率标准，一年后他可以取得2.25万元的利息收入。这个2.25万元的利息就是投资者将100万元买入股票的机会成本，投资者必须将这笔机会成本计算在自己持股成本之内，并由此计算出真实的保本价，一旦股价跌落到保本价时便立即卖出，从而保住自己的投资本金。

当投资者持有的股票已经出现账面损失时，而且该股出现明显见顶迹象，或者持有的是非市场主流品种以及下跌趋势明显的股票都需要止损。

上面的内容是防止损失更大，还有一种很流行的说法，叫做止盈。止赢，顾名思义，就是说切莫贪心、见好就收，不要妄想赢到最高。止赢的目的是为了能够很好地把握赚取利润的时机。通常情况下，止赢的方法有两种：一种是静态止赢，指设立具体的赢利目标位，一旦到达赢利目标位时，要坚决止赢，这是克服贪心的重要手段；另一种是动态止赢，指当投资的股票已经有赢利时，由于股价上升形态完好或题材未尽等原因，投资者认为个股还有继续上涨的动力，因而继续持股，一直等到股价出现回落且达到某一标准时，投资者便采取获利卖出的操作。

在实际操作中，止赢的卖出时机一般可以归结如下：

（1）股价与最高价相比，减少5%～10%时止赢卖出。如果投资者发现股价确已见顶，即使没有跌到5%的标准，也要坚决卖出。

（2）在上升行情中，均线是尾随股价上升的，一旦股价掉头击穿均线，将意味着趋势转弱，投资者要立即止赢。

（3）当股价上升到一定阶段，出现滞涨，并且构筑各种头部形态时，要坚决止赢。

四、防范风险之——十戒

也许现在你开始明白，投资并不像在渔场里钓鱼那么简单。你必须清醒的认识到，在投资的时候，如果一笔生意听起来好得让人难以置信，那这笔生意的确不值得置信。如果你曾经是一名失败的投资者，那么现在值得欣慰的是，世界上还有很多人同你一样；值得注意的是：如果你不面对现实，重新调整你的投资计划，你将会再次陷入失败当中。

所以，我们给出了投资的十条戒律，它们将有助于你保持清醒的头脑，更多的作出正确的投资判断：

第一，投资不是多人游戏，而是一个人的游戏。你必须自己作出判断。想投资，那就自己好好的研究你将要进行的交易。

第二，不要期望过高。当然，期望你的投资每五分钟能翻一倍，作为梦想是无可厚非的。但你要清醒的认识到，这是一个非常不现实的梦想。记住：如果年平均回报率能达到10%，就非常幸运了。

第三，不要被虚张的股票所迷惑。记住，公司的股票同公司是有区别的，有时候股票只是一家公司不真实的影子而已。所以应该多向经纪人询问股票的安全性。

第四，不要低估风险。"风险"不仅仅是两个字而已，它值得每一个投资者足够的重视。所以，一个重要的原则就是，在购买股票之前，不要先问"我能赚多少"，而要先问"我最多能亏多少"。这就是为什么大家都去购买思科的股票时，股神巴菲特却购买 DairyQueen。这条小心翼翼的戒律在最近几年好象已经不流行了，但坚信这条戒律的投资者们至少还是保住了自己的钱。

第五，在不知道该买哪一支股票或者为什么要买这支股票的时候，坚决不要买。这一点尤其重要，先把事情搞懂再说。这印证了投资大师彼德·林奇的一句名言：一个公司如果你不能用一句话把它描述出来的话，它的股票就不要去买。

第六，资金才是硬道理。当你把目光投向一些现在正在衰败的公司的时候，这点尤其重要。

第七，不要轻信债务大于公司资金的公司。一些公司通过发行股票或借贷来支付股东红利，但是他们总有一天会陷入困境。

第八，不要把鸡蛋放在一个篮子里。除非你有亏不完的钱，否则就应该就听我一句话：不要把所有的投资都放在一家或两家公司上，也不要相信那种只关注一个行业的投资公司。虽然把宝押在一个地方可能会带来巨大的收入，但也会带来同样巨大的亏损。这次投资科技公司的投资者们最了解这一点。

第九，不要忘记，除了盈利以外，没有任何一个其他标准可以用来衡量一个公司的好坏。无论分析家和公司怎样吹嘘，记住这条规则，盈利就是盈利，这是唯一的标准。

第十，如果对一支股票产生了怀疑，不要再坚持，及早放弃吧。

只有在心里上克服了误区，你才能成为股市货真价实的赢家。

五、防范风险之——做好功课

这个说法听起来很简单，但是投资者所犯的大部分一般性错误，往往就是未能彻底调查他们所购买股票的公司。除非你知道这家公司里里外外的详细情况，否则你就不应当购买这只股票。

这意味着，你必须发挥你对公司财务方面的理解，以便你自己决策时能确切知道一家公司所处的财务状况。首先，你是把你自己的资金投资在风险中，因此你应当知道你正在买的是什么。尤其是投资有很多灰色区域，你不能仅凭某某人说这家公司很有吸引力就去投资，你要自己决策，因为某某人所说的热门成长股往往正是等待另一个人的灾难。

财务知识是掌握股票基本面分析的重要知识储备，很多书中有专门的介绍，需要指出的是，正如很多人所说的，中国股市是一个消息面的股市，因此，关于财务知识只需要简单的学习就可以了，当然，如果有时间，也可以深入的分析。

除此之外，学习还包括很多股市的知识，各种股票分析软件都有值得学习的地方，其中的分析方法也是包罗万象，读者只要找出最适合自己的研究方式就足够了。具体有哪些主要的分析方法，本书将在后面的章节中具体讲解。

一旦你掌握了这些工具，就要花时间使用这些工具，你要坐下来把年度报告从封面读到封底，并且浏览过去的财务报表，检验行业内的竞争者。这是需要坚持的，特别是要挤出时间，因为花时间彻底调查研究一家公司有助于你避免不良投资。

你花费时间做研究产生的想法需要一个冷却的阶段。当你听到一个好的投资建议时，认为在股票行情开始启动之前就立即行动的想法通常是很有诱惑力的，但是冷静的判断力总比冲动要好。很多时候，随即进行的研究会让你发现，其实这项投资缺少吸引力。如果你是一个真正的长期投资者，在你全面进行投资的过程中，冷却阶段能使你避免一些会导致恶果的投资行为。

1.防止投资者自身的风险

投资者自身风险，是股票投资者因其错误投资决策和行为而使其蒙受投资损失的风险。市场风险、企业风险、利率风险、购买力风险、财务风险等对于投资者来说是客观环境或客观因素的风险，那是一种来自外部的风险；而投资者自身的风险，则是一种主观行为因素造成的风险。

股票投资风险是客观存在的，人们对客观存在的风险是可以防范、削弱以至避免，但要有一定前提条件，就是投资者的正确投资决策及其采取正确有效的投资行为。从现实情况看，股票投资的风险，往往出自于股票投资者本身的错误决策和错误的投资行为。其主要表现有：

（1）错误地判断股票的素质和投资收益率。

（2）盲目地进行股票的买卖交易活动，随风随潮进行股票买卖交易。

（3）错误地判断股票买卖交易的时机，而错过股票买卖的最佳时点。

（4）缺乏智慧型的投资决策和投资技巧。

（5）缺乏自我制衡的投资心理和自我约束的投资行为，不能量力而行，适可而止等。

总之，投资者正确的投资决策和投资行为，可以引导投资走向成功之路；而投资者错误的投资决策和投资行为，则可以使投资客观存在的风险可能变成为既成事实，使投资出现事实的经济损失，甚至使投资陷入难以自拔的陷阱。

为了避免个人投资决策和行为失误带来的风险，投资者应采取的对策是：

（1）入市前要准备和掌握一定的股票交易知识，培养良好的知识素质和遵守股票买卖规则的良好品质。

（2）经常关注股市行情变化，了解股价变动的因素，学会股价分析与预测技术，以培养良好的技术素质。

（3）认清投资环境，正确选择投资方式和投资对象和投资时机。

（4）培养良好的心理素质，头脑要冷静，不轻信谣言，不轻举妄动，不犹豫不决，不贪婪，遇到紧急情况能迅速形成自己正确判断，以保证决策和行为的正确并取得投资的成功。

2. 分散系统风险

股市操作有句谚语："不要把鸡蛋都放在一个篮子里"，这话道出了分散风险的哲理。

办法之一是"分散投资资金单位"。60年代末一些研究者发现，如果把资金平均分散到数家乃至许多家任意选出的公司股票上，总的投资风险就会大大降低。他们发现，对任意选出的60种股票的"组合群"进行投资，其风险可将至11.9%左右，即如果把资金平均分散到许多家公司的股票上，总的投资收益率变动，在6个月内变动将达20.5%。如果你手中有一笔暂时不用的、金额又不算大的现金，你又能承受其投资可能带来得损失，那你可选择那些会又高收益的股票进行投资；如果你掌握的是一大笔损失不得的巨额现金，那你最好采取分散投资的方法来降低风险，即使有不测风云，也会"东方不亮西方亮"，不至于"全军覆没"。

办法之二是"行业选择分散"。证券投资、尤其是股票投资不仅要对不同的公司分散投资，而且这些不同的公司也不宜都是同行业的或相邻行业的，最好是有一部分或都是不同行业的，因为共同的经济环境会对同行业的企业和相邻行业的企业带来相同的影响，如果投资选择的是同行业或相邻行业的不同企业，也达不到分散风险的目的。只有不同行业、不相关的企业才有可能次损彼益，从而能有效地分散风险。

办法之三是"时间分散"。就股票而言，只要股份公司盈利，股票持有人就会定期收到公司发放的股息与红利，例如中国香港、中国台湾的公司通常在每年3月份举行一次股东大会，决定每股的派息数额和一些公司的发展方针和计划，在4月间派息。而美国的企业则都是每半年派息一次。一般临近发息前夕，股市得知公司得派息数后，相应的股票价格会有明显的变动。短期投资宜在发息日之前大批购入该股票，在获得股息和其他好处后，再将所持股票转手；而长期投资者则不宜在这期间购买该股票。因而，证券投资者应根据投资得不同目的而分散自己的投资时间，以将风险分散在不同阶段上。

办法之四是"季节分散"。股票的价格，在股市的淡旺季会有较大的差异。由于股市淡季股价会下跌，将造成股票卖出者的额外损失；同样，如果是在股市旺季与淡季交替期贸然一次性买入某股票，由于股市价格将由高位转向低位，也会造成购买者的成本损失。因此，在不能预测股票淡旺程度的情况下，应把投资或收回投资的时间拉长，不急于向股市注入资本或抽回资金，用数月或更长的时间来完成此项购入或卖出计划，以降低风险程度。

3. 回避市场风险

市场风险来自各种因素，需要综合运用回避方法。

一是要掌握趋势。对每种股票价位变动的历史数据进行详细的分析，从中了解其循环变动的规律，了解收益的持续增长能力。例如小汽车制造业，在社会经济比较繁荣时，其公司利润有保证，小汽车的消费者就会大为减少，这时期一般就不能轻易购买它的股票。

二是搭配周期股。有的企业受其自身的经营限制，一年里总有那么一段时间停工停产，其股价在这段时间里大多会下跌，为了避免因股价下跌而造成的损失，可策略性低地购入另一些开工、停工刚好相反的股票进行组合，互相弥补股价可能下跌所造成的损失。

三是选择买卖时机。以股价变化的历史数据为基础，算出标准误差，并以此为选则买卖时机的一般标准，当股价低于标准误差下限时，可以购进股票，当股价高于标准误差上限时，最好把手头的股票卖掉。

四是注意投资期。企业的经营状况往往呈一定的周期性，经济气候好时，股市交易活跃；经济气候不好时，股市交易必然凋零。要注意不要把股市淡季作为大宗股票投资期。在西方国家，股市得变化对经济气候的反映更敏感，常常是在经济出现衰退前6个月，股价已开始回落。比如1991年2月，美国经济进入新的一个衰退期的前6个月，著名的道·琼斯工业指数已开始下跌，而在经济开始复苏前半年，股价即已开始回弹。根据历史资料分析，还可知道它的经济繁荣期大多持续48个月。因此，有可能正确地判定当时经济状况在兴衰循环中所处的地位，把握好投资期限。

4. 防范经营风险

在购买股票前，要认真分析有关投资对象，即某企业或公司的财务报告，研究它现在的经营情况以及在竞争中的地位和以往的盈利情况趋势。如果能保持收益持续增长、发展计划切实可行的企业当作股票投资对象，而和那些经营状况不良的企业或公司保持一定的投资距离，就能较好地防范经营风险。如果能深入分析有关企业或公司的经营材料，并不为表面现象所动，看出它的破绽和隐患，并作出冷静的判断，则可完全回避经营风险。

5. 避开购买力风险

在通货膨胀期内，应留意市场上价格上涨幅度高的商品，从生产该类商品的企业中挑选出获利水平和能力高的企业来。当通货膨胀率异常高时，应把保值作为首要因素，如果能购买到保值产品的股票（如黄金开采公司、金银器制造公司等股票），则可避开通货膨胀带来的购买力风险。

6. 重视财务风险

企业股票投资的财务风险的大小，可以通过企业借贷资金的多少来反映，企业的偿债能力是投资者考虑财务风险的关键问题。在企业资本结构中，债务集资方式的比重大，偿债能力弱，则财务风险大，反之，借贷资金比重小，偿债能力强，则财务风险小。由于债券筹资比重大，偿债能力弱的企业，要先支付债券固定的利息，留给分配股息的数额因而减少了，使普通股票持有者每年能得到的股息的变动和不确定性增大。因此，债务负担重，偿还能力弱的企业比起债务负担轻，偿还能力强的企业财务风险大，投资者可以通过对企业资产负债表的分析判断财务风险大小，明确自己的投资对策，把股票投资转向债务负担轻，偿还能力强，股息红利高的企业，以回避财务风险的损失。

7. 避免利率风险

尽量了解企业营运资金中自有成份的比例，利率升高时，会给借款较多的企业或公司造成较大困难，从而殃及股票价格，而利率的升降对那些借款较少、自有资金较多的企业获公司影响不大。因而，利率趋高时，一般要少买或不买借款较多的企业股票，利率波动变化难以捉摸时，应优先购买那些自有资金较多企业的股票，这样就可基本上避免利率风险。

8. 股市陷阱及防范

在实际的股票投资中，除了客观因素造成的股市风险外，还有一类风险是人为的，这就是机构大户为中、小散户设置的陷阱。

一般来说，中、小散户的资金实力相当有限，力量单薄，在股市上难以形成气候。而大户却可凭借自己手中雄厚的资金实力，呼风唤雨、推波助澜，可以制造一些股市陷阱，专等中、小散户上当，以牟取高额利润。机构大户设置陷阱的一般手法有：

（1）造谣惑众。造谣惑众是机构大户最常用的一种方法，它既简单又省事，又不容易被人抓住把柄。在股市中，机构大户故意散布一些无中生有的谣言，以影响中、小散户的购买意向。如在股市的顶部区域，机构大户就经常制造一些利空传言，从而打压股指；而在牛市初期，机构大户就经常性的扩散一些利多消息，从而吸引中、小散户跟进。

（2）内幕交易。内幕交易是上市公司的经营管理人员利用职务之便或券商利用职业之便，进行非法的股票交易来获取暴利。如1963年末，美国的一上市公司在加拿大东部发现了一座矿山，并购买了周围的土地，然后该公司的经营管理人员等"内幕人士"及其亲朋好友们就纷纷购入该公司股票，同时又发布新闻对社会舆论的报道予以否定。1964年4月，该公司的秘密还是被公众发现了，其股票价格当天就从18美元涨到36美元，到1968年，该公司的股价涨到150美元，那些经营管理人员及相关人士就趁机大发了一笔横财。

（3）囤积居奇。囤积居奇是指机构大户凭借手中巨额资金大量套购股票，并依此为理由，要求参加上市公司的经营管理或干脆吞并上市公司，要挟上市公司以高价收回，借些大赚一笔。

（4）瞒天过海。瞒天过海是指某个机构大户利用不同的身份开设两个以上的帐户，或某一个集团利用分公司的帐户，以互相冲销转帐的方式，反复地做价，开销少量的手续费和交易税，以达到操纵股价的目的。

（5）抛砖引玉。抛砖引玉是指机构大户连续以小额买卖，以"高进低出"或"低进高出"的手法，来达到压低股价或拉抬股价的目的。当以小额资金抬高股价后，机构大户就趁中、小散户跟风之机，倾巢抛出，从而获取暴利。反之，当以少量股票打压股价后，就大量买进。

六、防范风险之——重视消息面和市场热点

前面说了中国股市是一个政策市，什么意思呢？也就是说，政策的变化会迅速地反映到股市上，从而迅速的影响股票的价格。因此，了解并且解读政策的变化就成为"高手"纵横股市的一个绝技。要做到"两耳听尽身外事"，并不能完全相信别人的分析，要有自己对政策解读的超能力，要做到从消息中去伪存真，当然，这也不是一朝一夕的事，需要很长时间实战经验的累计。这又说到了学习上面，因此，学习、学习，还是学习，非常重要。

消息，按其对股价影响的方向分为利多消息和利空消息。

1. 从利多消息中把握买卖时机

一般来说，利多是指刺激股价上涨的信息，如股票上市公司经营业绩好转、银行利率降低、社会资金充足、银行信贷资金放宽、市场繁荣等，以及其他政治、经济、军事、外交等方面对股价上涨有利的信息。在股票市场上，资金与股票的供求关系决定着股价的涨跌，资金相对盈余时，股价就上涨；反之，股票价格就下跌。因此，所有有利于资金扩容的消息都是利多消息。此外，一切能增加股票相对投资价值的因素都是利多因素。例如，储蓄利率或债券利率的下调。

（1）通常情况下，在实际操作中投资者可以从下面六点把握利多消息的买卖时机。

①当大盘处于上升趋势初期出现利多消息时，应及早介入。

②当大盘处于下跌趋势初期出现利多消息时，短线可以介入抢反弹。

③当大盘处于上升趋势中期出现利多消息时，应逢低介入。

④当大盘处于下跌趋势中期出现利多消息时，短线可待股价反弹时少量介入抢反弹。

⑤当大盘处于上升趋势末期出现利多消息时，应逢高出货。

⑥当大盘处于下跌趋势末期出现利多消息时，大盘结束调整往上攀升时短线可以介入。

当股市的表现实际上已包含了市场对未来将出现利多的预期后，再出现的利多将不再是利多。道理很简单，股市是一个高效率的市场，预期明天会发生的事，也许今天的走势就已经包含了明天的因素。

（2）从技术分析层面上来看，就与利多消息有关的买卖时机，投资者也可以结合移动平均线共同把握。

①空头市场。如果股价继向上突破5日、10日、30日移动平均线后，又突破了60日移动平均线，则后市的上涨空间会比其他情况强劲，如有利好消息的配合，则可顺势脱离空头市场，是极佳的买点。

②如K线图与10日移动平均线纠缠在一起，纵有利多消息，仍不要轻易跟进，等10日移动平均线与K线图分开且上行时，方是买进时机。

这时多方力量才是真正的增强，后市上升的几率才会大。特别是在空头市场，投资者均对利空敏感，而对非实质性的利多麻木。空头市场中的利多消息往往是出货的良机，而非跟进的机会，这在沪市屡试不爽。所以，投资者在进场时，可分清大势，再行决断，不能盲目跟进。

股市中有这样一些格言："迟到的利多不是利多，迟到的利空不是利空"、"利多出尽是利空，利空出尽是利多"……

2. 从利空消息中把握买卖时机

所谓利空，是指会对股票涨势带来负面影响，对空头有利的因素和消息。如，股票上市公司经营业绩恶化、银行紧缩、银行利率调高、经济衰退、通货膨胀、天灾人祸等，以及其他政治、经济军事、外交等方面促使股价下跌的不利消息。投资者还可以从上市公司经营效益的影响方面对利空进行判断。一切影响上市公司经营效益的信息都是利空消息，如上市公司经营环境的变化，包括国家的政治经济局势的变化、宏观经济的运行是否平稳等，因为这些因素的变化都影响着上市公司原材料的供应或产品的销售、员工的工作情绪或状态，从而直接影响着上市公司的经营效益。

另外，当上市公司的内部因素改变时，如管理水平的改善或降低、技术设备水平的改善或降低、劳动生产力的提高或降低、新项目的投产或失败等，投资者也要注意。对应着利空，往往就会提及空头，所谓的空头是指当股价已上涨到了最高点很快便会下跌时，或当股票已开始下跌仍会继续下跌时，趁股票处于高价时卖出的投资者。

从利空消息中把握买卖时机，一般可以归结为以下六点：

①当大盘处于上升趋势初期出现利空消息时，短线应减仓操作。

②当大盘处于下跌趋势初期出现利空消息时，短线操作者应果断斩仓出场。

③当大盘处于上升趋势中期出现利空消息时，投资者可逢低买入。

④当大盘处于下跌趋势中期出现利空消息时，投资者应持币观望，不要轻易介入抢反弹。

⑤当大盘处于上升趋势末期出现利空消息时，短线应迅速出货离场。

⑥当大盘处于下跌趋势末期出现利空消息时，短线操作者可逢低买入。

例如，2010 年 11 月 12 日，住建部与外管局印发《关于进一步规范境外机构和个人购房的通知》，规定境外个人只能在境内购买一套用于自住的住房，而境外机构只能在注册城市购买办公所需的非住宅房屋，意在防范热钱流入，以及受货币政策加息预期政策、上调印花税等利空消息影响，沪深股市跳空低开，10：30 分后，行情急转直下，一路走低。至收盘时，沪指下跌了5.16%，本周跌幅达到 4.6%。截至收盘，沪综指下跌 162.3 点，收于 2985.44 点，跌幅 5.16%，成交额 3033.88 亿元；深成指下跌了 958.4 点，收于 12726.54 点，跌幅 7.0%，成交额达到 2348.02 亿元。两市成交额放大，成交量为近期行情天量，8 只个股涨停，近 160 只个股跌停，如图 3-7、图 3-8 所示。

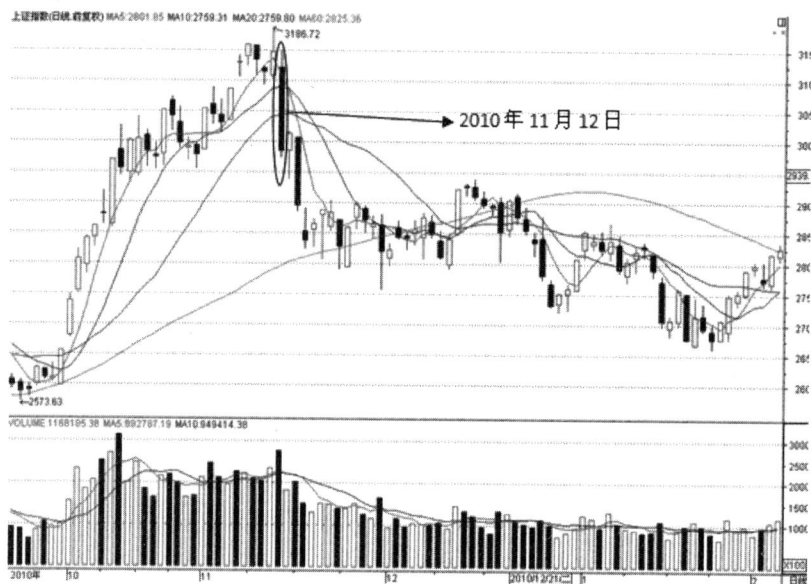

图 3-7　上证指数日 K 线走势图

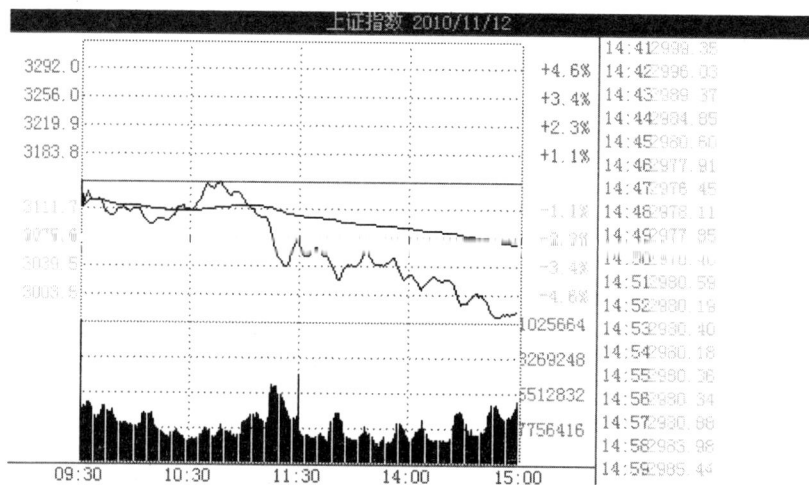

图 3-8　上证指数 2010 年 11 月 12 日分时走势图

3. 从市场传言中把握买卖时机

在我国股市上，除了一些相对而言比较正规的消息之外，小道消息、谣言和传言"遍地盛开"。"博消息"成为部分投资者甚至投资大户的主要操作方式，有少数人可能会碰上些利润，但更多的投资者则会陷入泥潭。那么该何如正确的甄别市场传言中的有用信息呢？

一般来说，投资者可以以如下 3 个策略来把握市场传言中的买卖时机。

（1）牛市持续一段时间后，投资者要重视利空传言，反看利多传言。一般来说，牛市末期的利空常有可能是真的，而且当利空传到投资者耳中时，主力机构必然已出完货了；同样道理，牛市末期的利多传言则常有可能是假的。在上升过程中，一些机构大户为了出脱存货，常会编造各种利好传言来引诱散户跟风抢盘，他们借机出货。熊市持续一段时间后，投资者要重视利多传言，同时反看利空传言。

（2）从敏感程度判断市场的强弱。概括来说，如果市场对利空传言敏感，一有风吹草动就下跌，则表明市道软弱；如果市场对利多传言敏感，一出消息就上涨，则表明市道较强；如果市场对利多利空处于麻木状态，则表明大势变盘在即，要注意突破方向。

（3）正规消息正确对待，小道消息小心处理。通过对正规消息的逐字解读，及对市场传言的认真分析，从而有效地对买卖时机进行研判。突发消息需要消化，预期出台反向转化。

如图 3-9 所示为南风化工（000737）在 2011 年 3 月 15 日至 3 月 17 日的走势，在日本地震及海啸的影响下，日本核电站反应堆发生了爆炸，网络上风传食盐可以防辐射，随即各地出现了各种抢食盐风潮，虽然这个传言没有被证实，但是投资者对于此消息应该还是有一些投资敏感度，关注食盐股票一定是一个必须的选择。在下图中，南风化工在接连三天，每天都是阳线收盘，其中 3 月 17 日更是以 0.34 的缺口跳空高开，三天之内股价从 7.23 元直接涨至 8.09 元，涨幅达 12%。

图3-9　南风化工（000737）2011年3月15日—2011年3月17日股价走势

所以说，市场传言有可能是真的，甚至大部分有可能是假的，但是我们要在弄清楚传言真假的基础上，了解市场的风向，同样可以赚钱。即使是假的传言，有的时候在其有效时段内甚至可以帮助投资者进行短线操作，赚取巨大的利润。

4.从政策中寻找买卖时机

俗话说"看大势赚大钱"，在股票市场上，大势如洪水、股价如小舟，股价总是随着大势的起落而涨跌的，弄清了大势，也就把握了股价的基本走势，而所谓的"大势"往往决定于国家主要的宏观经济政策和产业政策。事实上，政策在股票市场中扮演的角色是航标，了解国家的政策方向，才知道航船该往左转还是该往右转，也可以更好地把握买卖时机。所以，买卖股票要弄清楚国家什么时候对哪些行业和企业实行扶持政策，什么时候对哪些行业和企业采取限制措施。

另外，随着全球一体化程度的不断加深，国际间资本流动的障碍在不断减少，本国的股票市场受到国外主要股票市场的影响也越来越大。因此，国际政治局势动荡、经济萧条，股票价格就会下跌。

例如，2009年12月8日，全球三大评级公司开始下调希腊主权债务评级，希腊的债务危机随即愈演愈烈。2010年年初，欧洲其他国家也开始陷入危机，包括比利时这些外界认为经济较稳健的国家以及欧元区内经济实力较强的西班牙，都被预测未来3年预算赤字将居高不下，以希腊主权债务危机为主角，整个欧盟都受到债务危机的困扰。德国等欧元区的龙头国都开始感受到危机的影响，因为欧元大幅下跌，加上欧洲股市暴挫，我国股市也受到了影响，上证指数从2009年12月的3300多点跌至2010年7月的2300多点，如图3-10所示为上证指数日K线走势图。

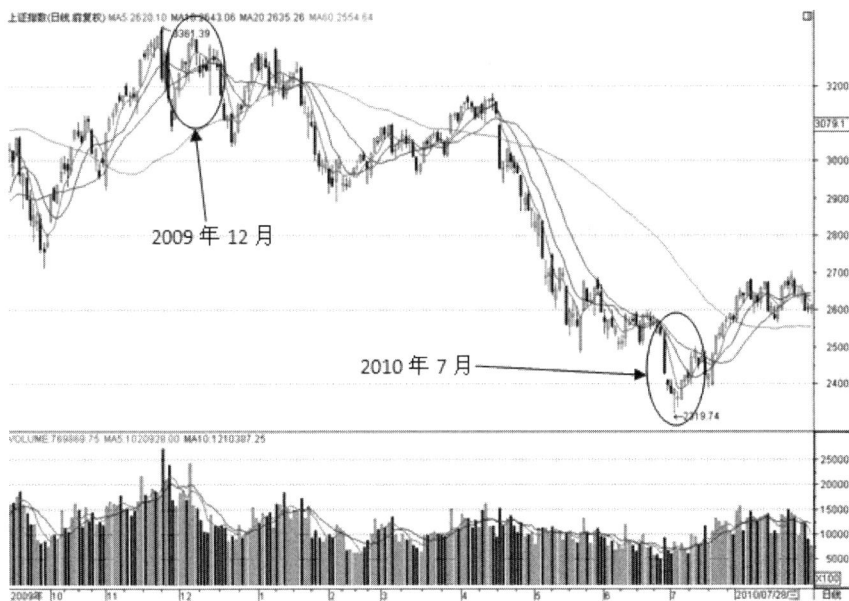

图3-10　上证指数日K线走势图

5.从市场热点中把握买卖时机

每天A股市场的2000多支股票跌宕起伏，有强势飙升的也有弱势暴跌的，大多数投资者每天都在想抓到市场热点，使自己操作结果跑赢大盘，赢利丰厚，其实市场给有这种想法的投资者的机会并不多，因此投资者要学会捕捉市场主流热点的方法和技巧。

通常情况下，热点最初往往只是表现在某支领头股出现大幅的上涨上，虽然没有得到市场普遍的认同，但股价表现得异常坚挺。之后随着舆论的升温，市场对其股价的预期就发生了变化，短线炒家追逐短期的收益并带动其相关板块随之升温，当市场中所有的投资者都意识到围绕该股形成的市场热点并普遍跟进之时，实际上就是最危险的时候，可能随时会出现爆炸性的风险。

一般来说，投资者捕捉市场的热点可以从以下两点入手：

（1）市场热点的出生地是政策面

投资者抓热点要先下一番功夫，对国家经济运行状况、经济发展方式、经济运行结构、经济工作要点有个具体的认识，再细化到哪些行业会得到政策扶持，发展前景乐观。跟踪市场前瞻信息，分析国家政策对行业的影响，再结合证券市场的个股具体分析。

（2）市场热点的投机性看技术面

投资者需要明白投机的背后是随意性，策略很难有效实施。在实战中投资者可以参考以下四个方面。

①市场热点有板块效应

领涨板块涨幅不断扩大，能迅速涨到3%以上，板块量能有效持续放大，同时带领相关联的板块随之上扬，有领头羊之势。一般而言，市场的热点总是在前期暴跌或走势低迷的板块中产生。

②市场热点有羊群效应

两市同类个股迅速上涨，涨幅会明显超过其他个股，多数个股涨幅在5%以上，有不少个股涨停。综合来看，头羊股有以下共同的特征：其一，前一轮行情中涨幅较小，走势低迷；其二，在当期的大盘调整中先于大盘止跌，并小幅上扬；其三，有被市场响应的、新颖的概念或题材。

③市场热点技术特征明显，即时线、K线、量能等指标强势突起。

④市场热点的周期效应。

周期循环的观点阐述了判断市场热点的一条法则，即当市场对某一板块是热点而达成共识，同时该板块的许多个股连续放量飙升时，正是抛出这类个股的时机；相反，当市场对某一板块一致看空，同时该板块的许多个股连续放量暴跌时，正是买入这些股票的时机。投资者可以选择用周期循环的观点把握热点变化的节奏。

通常来说，常规股票能够上涨15%便可考虑卖出了。然而，对于处于热点之中的股票，在升幅达 15% 之时，不但不应卖出，还可适当跟进买入，特别是对于其中的领涨股票。在实际操作中，市场热点的形成过程会给投资者带来非常丰厚的利润回报，但此种回报往往只提供给有准备之人。另外，需要说明的是，在热点的末期投资者会面临着巨大的风险，因此为了保住胜利的果实，投资者应在股价达到目标价位的时候及早抽身而退，将风险降到最低。

第四章

股票市场基本制度和规则

股市是个好东西，但是我们要想入市炒股，要想根据大盘走势进行资产配置，还必须走一整套程序，这一整套程序的第一件事情就是要有自己的账户，因为只有通过账户，我们才能进行股票的买入和卖出。同时，我们应对股票市场的基本制度和规则进行一定的了解，才能有助于我们更好地对大盘进行更好、更精确地分析。本章具体介绍了股票开户的流程以及交易流程、股票的买卖原则以及其他基本制度和规则。

一、股票开户的程序

股票交易前要开户，开户即投资者开设证券账户和资金账户的行为。

证券账户相当于投资者的证券存折，用于记录投资者所持有的证券种类和数量。符合法律规定的任何自然人和法人持有效证件，到证券登记机构填写证券账户申请表，经审核后就可领取证券账户卡。

资金账户是投资者在证券商处开设的资金专用账户，用于存放投资人买入股票所需资金和卖出股票所得的价款。已开设证券账户的投资者可以持证券账户、银行存折和身份证到选定的券商处开设资金账户。

开立证券账户和资金账户后，投资者买卖证券所涉及的证券、资金变化就会从相应的账户中得到反映。例如，某投资者买入甲股票 1,000 股，包括股票价格和交易税费的总费用为 10,000 元，则投资者的证券账户上就会增加甲股票 1,000 股，资金账户上就会减少 10,000 元。下面给您一一介绍：

1．开设证券账户

证券账户是投资者进入市场的通行证，只有拥有它，才能进场买卖证券。证券账户在深圳又叫股东代码卡。投资者可以在多家证券公司开设账户，每个账户指定一家证券公司。开立证券账户是投资者进行证券交易的先决条件。根据中国结算公司《证券账户管理规则》的规定，中国结算公司对证券账户实施统一管理，投资者证券账户由中国结算公司上海分公司、深圳分公司及中国结算公司委托的开户代理机构负责开立。其中，开户代理机构是指中国结算公司委托代理证券账户开户业务的证券公司、商业银行及中国结算公司境外 B 股结算会员。

（1）证券账户的种类

目前，我国证券账户的种类有两种划分依据：一是按照交易场所划分；二是按照账户用途划分。按交易场所划分，证券账户可以划分为上海证券账户和深圳证券账户，分别用于记载在上海证券交易所和深圳证券交易所上市交易的证券以及中国结算公司认可的其他证券。按用途划分，证券账户可以划分为人民币普通股票账户、人民币特种股票账户、证券投资基金账户、创业板交易账户和其他账户等。投资者申请开立账户时，必须持有证明中国公民身份或者中国法人资格的合法证件。

（2）开设证券账户所需要提供的证件及资料

证券账户可分为个人账户与法人账户两种。对于个人开户，个人投资者必须持有本人有效身份证件（由他人代办的，需提供代办人身份证及其复印件、授权委托书）。而法人开户所需提供的资料有：有效的法人证明文件（营业执照）及其复印件；法人代表证明书及其本人身份证、法人委托书及受托人身份证。上海证交所的股票账户由交易所所属的证券登记公司集中统一管理，具体的开户手续委托有关机构办理。在深圳证交所，开立股票账户，除了提供本人身份证外，还需提供指定的银行存折。深圳的开户工作由深圳证券登记公司统一受理。自然人或法人可到所选择的证券经营机构所在地的证券登记机构办理开户手续。

个人投资者在开设证券账户时，应详细提供本人和委托人的详细资料，包括本人和委托人的姓名、性别、身份证号码、家庭地址、职业、联系电话等。法人投资者应提供法人地址、电话、法定代表人和授权证券交易执行人的姓名、性别、书面授权书、开户银行账户和账号、邮编、机构性质等。

（3）开设证券账户的基本条件

根据国家的有关规定，下列人员不得办理股票开户：

①证券主管机关中管理证券事务的有关人员。

②证券交易所管理人员。

③证券经营机构中与股票发行或交易有直接关系的人员。

④与发行者有直接行政隶属或管理关系的机关工作人员。

⑤其他与股票发行或交易有关的知情人。

在办理上海证券交易所的股票证券账户后，需办理指定交易，即可指定该账户在某一证券商处进行交易。此种指定交易随时可以办理，也可随时撤销。深圳证券交易所的股票账户开设后，只能在指定的证券机构处办理委托买卖。投资者如需在其他证券经营机构处委托，必须事先办理转托管手续。

随着证券市场的发展，股票账户的功能已不限于股票，而扩大至基金、股权证、无纸化国债等金融产品。

（4）开设证券账户的基本流程

自然人及一般机构开立证券账户，可以通过中国结算公司上海分公司和深圳分公司委托的分布在全国各地的开户代理机构办理。目前多数证券公司营业部都取得了开户代理资格，可以代理中国结算公司上海分公司和深圳分公司为投资者开立证券账户。投资者通过开户代理机构开立证券账户的流程如图 4-1 所示。

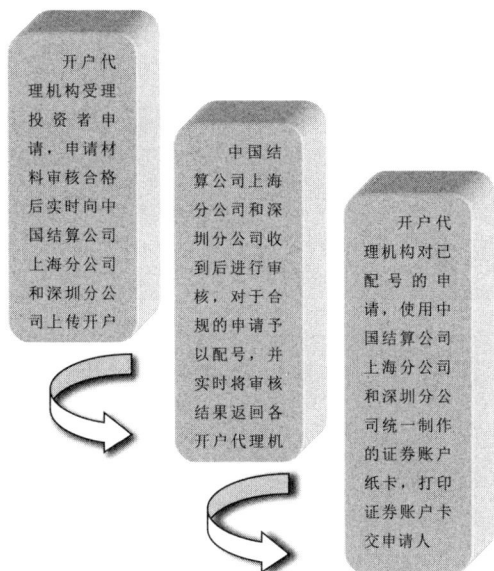

图 4-1　开户代理机构开立证券账户的流程图

目前，上海证券账户当日开立，次一交易日生效。深圳证券账户当日开立，当日即可用于交易。

2. 开设资金账户

办理了证券账户后还需办理资金账户，办理资金账户的过程就相当于投资者与证券经纪商建立特定的经纪关系，成为该经纪商的客户。目前在上交所系统，资金账户在证券机构处开立且仅在该机构处有效。证券经营机构按银行活期存款利率对投资者资金账户上的存款支付利息。这一经纪关系的建立过程包括：证券经纪商向客户讲解有关业务规则、协议内容和揭示风险，并请客户签署《风险揭示书》和《客户须知》；客户与证券经纪商签订《证券交易委托代理协议书》，与其指定存管银行、证券经纪商签订《客户交易结算资金第三方存管协议》；客户在证券营业部开立证券交易资金账户等。

（1）签署《风险揭示书》和《客户须知》

这一环节实际上起到了教育投资者的作用。有关证券法规规定，证券经纪商在与客户建立经纪关系、签订《证券交易委托代理协议书》时，为了使客户更好地了解其中的风险，证券经纪商要求客户签署《风险揭示书》。客户一旦签名，就表明了其已阅读并完全理解和愿意承担证券市场的各种风险。一般来说，《风险揭示书》会告知客户从事证券投资将包括但不限于如下风险：宏观经济风险、政策风险、上市公司经营风险、技术风险、不可抗力因素导致的风险和其他风险。客户从事证券交易，除了要知道存在风险之外，还要了解有关证券公司、投资品种等其他信息内容。因此，证券经纪商还要向客户提供一份《客户须知》。

（2）签订《证券交易委托代理协议》和《客户交易结算资金第三方存管协议》

《证券交易委托代理协议》是客户与证券经纪商之间在委托买卖过程中有关权利、义务、业务规则和责任的基本约定，也是保障客户与证券经纪商双方权益的基本法律文书。

2007 年 11 月 7 日，中国证券业协会发布了有关证券交易委托代理协议的指引，要求证券公司应根据《证券交易委托代理协议（范本）》修订与客户签订的相关证券经纪业务合同文本。《证券交易委托代理协议（范本）》的内容包括：双方声明及承诺、协议标的、资金账户、交易代理、网上委托、变更和撤销、甲方授权代理人委托、甲乙双方的责任及免赔条款、争议的解决、机构客户、附则。

同时，我国《证券法》第规定："证券公司客户的交易结算资金应当存放在商业银行，以每个客户的名义单独立户管理。"根据此规定，证券公司已全面实施"客户交易结算资金第三方存管"。在该管理模式下，客户开立资金账户时，还需在证券公司的合作存管银行中指定一家作为其交易结算资金的存管银行，并与其指定的存管银行、证券公司三方共同签署《客户交易结算资金第三方存管协议书》。

（3）开立资金账户与建立第三方存管关系

上述一系列程序完成后，就要开立资金账户了，这里的资金账户是指客户在证券公司开立的专门用于证券交易结算的账户，证券公司通过该账户对客户的证券买卖交易、证券交易资金支取进行前端控制，对客户证券交易结算资金进行清算交收和计付息等。

证券营业部为客户开立资金账户应严格遵守"实名制"原则。客户须持有效身份证明文件或法人合法证件，以客户本人名义开立；资金账户应与客户开立的各类证券账户、在存管银行开立的结算账户名称一致、名实相符。

客户开立资金账户须本人到证券营业部柜台办理。办理时客户须按证券营业部要求如实填写开户申请表，提交身份证明、证券账户、银行结算账户等资料并签署相关协议、风险提示书、授权委托书等法律文件。

客户开立资金账户时，应同时自行设置交易密码和资金密码（统称密码）。客户在正常的交易时间内可以修改密码。

证券公司、存管银行根据与客户签订的《客户交易结算资金第三方存管协议书》，为客户建立其交易结算资金的第三方存管关系全部的开户流程图如图4-2所示。

（4）开户的注意事项

在开户的过程中，有以下问题需要注意：一是一定要注意保管好自己的个人资料；二是注意核对，千万不要写错名字，一旦有错，请登记人员修改；三是最好是沪深两市股东账户一齐登记，不要只开一个账户；四是开户登记时不要请人，特别是陌生人代写登记，以防个人资料失密；五是股东卡领到后，保管好，不要让别人看到您的股东卡号码，防止以后黑客侵入您的账户盗买盗卖股票或骗提现金。

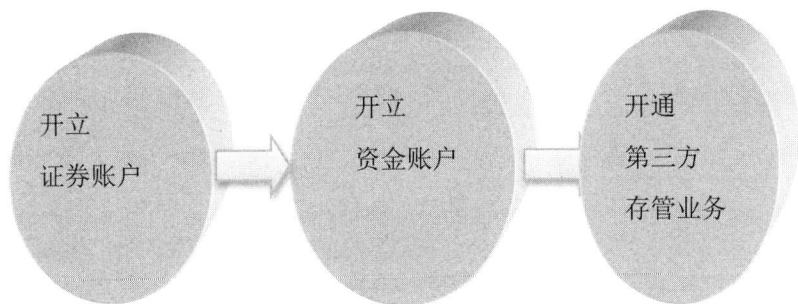

开立
证券账户

开立
资金账户

开通
第三方
存管业务

图4-2 开户流程图

二、股票交易流程如何

账户开立完成后，就可以进行股票的委托买卖了，此时，您就成为了股票市场的一员了。同开户一样，股票的买卖交易也是有一定程序的。

1. 客户填写委托单

客户在办妥股票账户与资金账户后即可进入市场买卖，客户填写的买卖证券的委托单是客户与证券商之间确定代理关系的文件，具有法律效力。委托单一般为二联或三联，一联由证券商审核盖章确认后交由客户，一联由证券商据以执行。买卖成交后，客户凭委托单前往证券商处办理清算与交割。如果成交结果与委托单内容不符，客户可凭委托单向证券商提出交涉，维护自己的合法权益。

2. 证券商受理委托

证券商受理委托包括审查、申报与输入三个基本环节。目前除这种传统的三个环节方式外，还有两种方式：一是审查、申报、输入三环节一气呵成，客户采用自动委托方式输入计算机，计算机进行审查确认后，直接进入场所内计算机主机；二是证券商接受委托审查后，直接进行计算机输入。

3. 撮合成交

现代证券市场的运作是以交易的自动化和股份清算与过户的无纸化为特征，计算机撮合集中交易作业程序是：证券商的买卖申报由终端机输入，每一笔委托由委托序号（即客户委托时的合同序号），买卖区分（输入时分别有0、1表示），证券代码（输入时用指定的4位或6位数字，而回显时用汉字列出证券名称），委托手续，委托限价，有效天数等几项信息组成。计算机根据输入的信息进行竞价处理（分集合竞价和连续竞价），按"价格优先，时间优先"的原则自动撮合成交。

4. 清算与交割

清算是指证券买卖双方在证券交易所进行的证券买卖成交之后，通过证券交易所将证券商之间证券买卖的数量和金额分别予以抵消，计算应收、应付证券和应付股金的差额的一种程序。目前深市是"集中清算与分散登记"模式，上海股市是"集中清算与集中登记"模式，在此不详细介绍。

交割是指投资者与受托证券商就成交的买卖办理资金与股份清算业务的手续，深沪两地交易均根据集中清算净额交收的原则办理。

5．过户

所谓过户就是办理清算交割后，将原卖出证券的户名变更为买入证券的户名。对于记名证券来讲，只有办妥过户者是整个交易过程的完成，才表明拥有完整的证券所有权。目前在两个证券交易所上市的个人股票通常不需要股民亲自去办理过户手续。A 股买卖交易即按上述规程完成。

以上就是整个股票转手的过程，其中还涉及一些费用，正是由于这些费用的存在，投资者不可以无限制的买卖股票，因为交易过于频繁，也可能会带来很大的交易成本，一些新手常常会犯这样的错误，摇摆不定的选股，听到风声就换股，一来二去，钱没有赚到多少，却让证券公司赚取了不少佣金。我国的证券投资者在委托买卖证券时应支付各种费用和税收，这些费用按收取机构可分为证券商费用、交易场所费用和国家税收。

目前，投资者在我国券商交易上交所和深交所挂牌的 A 股、基金、债券时，需交纳的各项费用主要有：委托费、佣金、印花税、过户费及转托管费等。具体如表 4-1 所示：

表 4-1 股票交易费用表

收费项目	沪市 A 股	深市 A 股	沪市 B 股	深市 B 股	封闭式基金	债券
委托费	5 元 / 笔	无	无	无	无	无
佣金	≤ 3‰，起点 5 元	≤ 3‰，起点 5 元	3‰，起点 1 美元	3‰	3‰，起点 5 元	1‰
印花税	1‰（单边）	1‰（单边）	1‰（单边）	1‰（单边）	无	无
过户费	1‰（按股数计算，起点：1 元）	无	无	无	无	无
转托管费	无	30 元	无	港币 100 元	/	/

注：交易费用实时在改变，具体以相关部门公布为准。

投资者一定要根据自己的情况控制股票交易的成本。

三、股票买卖基本规则

如果开了户，同时也选好了股票，我们就能开始买卖股票了。但实际生活尤其是相关法律法规的约束下，我们的股票买卖，更确切的说，只能称为股票的委托买卖，它可以分为限价委托和市价委托两种。前者，可以叫做我的资金我做主，而后者，一般也被称为随行就市随遇而安，前者的主动性强，后者更多的是跟着市场走，主动性强，成交就不那么容易，毕竟不可能踏准市场的每一步；而跟着市场走，有的时候只能眼睁睁的望着自己的股票高价买入，低价卖出，十分肉痛！

1．现价委托法

限价委托是指投资者在委托经纪商买卖股票时，限定其买卖价格的委托形式。经纪商在接到投资者的限价委托后，只能按投资者提出的限价或低于限价买进证券，按限价或高于限价卖出证券。如果市场上的证券价格符合投资者的限价要求，委托可立即成交，但如果价格不在限价的要求内，经纪商则要耐心等待。

例如，某投资者给自己的经纪商发出了限价指令，要求以不低于 20 元的价格出售某种股票，当股票价格为 15 元时，经纪商就不能执行该指令，只有当这种股票的价格涨到 20 元以上时，投资者的这个限价指令才能执行。同时，投资者发出的限价委托指令通常有一定的时间限制，超过了限定时间，指令将自动作废。

限价委托法的好处在于投资者可以获得较佳价格买进或卖出证券的机会，只要这种机会把握好了，成为现实后，您自然可以获得较大利润！同时，这种机会在市场价格波动较小时较多，而且也较易实现。但限价委托法也存在这样的缺陷，即在市场价格波动较剧烈时，投资者所制定的限价极易与市价发生偏离，从而出现无法成交的结果，即使当限价与市价持平时，如果同时有市价委托出现，则市价委托优先成交，从而造成其成交率较低。

我国的上海证券交易所和深圳证券交易所都采取了限价委托方式，但采用限价委托还有一个很难过的关口，即合理限价的确定。前面说过，股价的波动预测到每一时分时是非常之难的，而限价又必然对股价做出一个大致区间的预测：限价和市价过于接近，则限价委托的收益就不那么明显了；但一旦限价和市价相差较远，则会使成交变得很难。因此，对投资者来说，如何以现行市价为基础并根据市场短期走势灵活地确定限价就变得非常复杂和困难了，当然，相信通过不断地摸索，努力的学习和分析，您一定都会有自己的判断。

2．市价委托法

市价委托，又叫随行就市委托，是指投资者要求证券经纪商按交易市场当时的价格，买进或卖出证券的一种委托形式。

市价委托是股票委托买卖的基本方式之一，市价委托法一般在投资者急于买进或急于卖出股票时采用，通常更受那些急于在跌势中出售股票的投资者所欢迎。因为在市场股价处于下跌时，往往股价下跌的速度比股价上涨的速度来得更快，因此采用市价委托法可以更有效地减少损失。

但市价委托法明显的缺陷是：当市场价格波动较大时，容易出现高价买进或低价卖出的情况。因此，投资者在选择市价委托法时，需谨慎行事，以避免不必要的损失。经纪人在接受投资者委托后，即按投资者指令进行申报竞价，然后拍板成交。

四、其他制度和规则

前面所讲述的知识对一个普通投资者已经够用了，但是如果您想对交易所的交易规则有更多的了解，下面的知识可以帮助您更深入的了解沪深交易所的制度。

1．交割制度——T＋0、T＋1与T＋3

目前，上海和深圳两市实行 T＋1 交割制度。T 是交易的英文单词 Trade 的第一个字母。T+1 是指当日买入的股票不能在当日卖出，资金收付与证券交割只能在成交日的下一个交易日进行，且不能在当日从账户上提取现金。

T+1 制度目前只用于 A 股、基金和债券的交割。实行这种制度是为了扼制股市的过度投机。同一只股票当日买入后只能在下一交易日卖出，而当日卖出的这只股票，当日可以买入这只股票。

T+3 制度则用于两市的 B 股交易。即当日买入的股票只能在成交日后的第三个交易日卖出，资金与证券的收付也是在成交日后的第三个交易日进行。

T+0制度是指成交当日就可以获得股票和现金。投资者买入股票后当天就可以卖出，卖出股票后当天又可以买入。在这种情况下，股市交易较为活跃。香港和西方的股票市场都采用T＋0制度。

2. 涨停板与跌停板制度

（1）涨停板与跌停板制度制度简介

涨停板与跌停板制度是指在证券市场中，为了防止交易价格的剧烈波动，抑制过度投机和维护证券市场稳定，由交易所制定的对股价涨跌幅度的限制。

我国证券市场现行的涨跌停板制度是1996年12月13日发布，1996年12月26日开始实施的，旨在保护广大投资者利益，保持市场稳定，进一步推进市场的规范化。我国的涨跌停板制度与国外制度的主要区别在于股价达到涨跌停板后，不是完全停止交易，在涨跌停价位或之内价格的交易仍可继续进行，直到当日收市为止。

当股价的涨跌幅度超过该股票上一个交易日收盘价的某个幅度限制（用百分数相对幅度计算），超过涨跌幅度限制的委托为无效委托。普通A股、B股股票的涨跌幅限制为10%，S股、ST和*ST股的涨跌幅度限制为5%。股票没有停止交易，只要在涨跌幅度限制下的交易都是有效的。但上海证券交易所规定属于下列情形之一的，首个交易日无价格涨幅限制：

①首次公开发行上市的股票和封闭式基金；

②增发上市的股票；

③暂停上市后恢复上市的股票；

④交易所认定的其他情形。

深圳证券交易所规定属于下列情形之一的，首个交易日不实行价格涨跌幅限制：

①首次公开发行股票上市的；

②暂停上市后恢复上市的；

③中国证监会或证券交易所认定的其他情形。

（2）六种级别

在大家投资的过程当中，很多人都在想如何才能够抓到涨停，接下来通过几个方面来让投资者认识（了解）涨停板的特性。首先我们来学习下相关的知识。涨停板按照等级划分可以分为六级，关注涨停的投资者一定要了解六级涨停板都有哪些特征。

①钻石级涨停。此类涨停就是我们通常看到的看盘一字涨停、无量涨停。这样的形式无疑是最强的涨停板，主力以一种毫不讲理的方式拉升股价，气吞山河的扫货方式足以彰显主力资金的强大，遇到这种钻石级的涨停板，无论股价处于上升趋势还是下降趋势短线投机者都可放手一搏。此类涨停投资者有可能买入吗？某些时候盘中这样的涨停会短暂的打开，投资者只有在打开的时间挂单碰碰运气，提前预知是没有可能的。

②黄金级涨停。此类涨停的特点是高开3%以上，早盘5分钟内一波涨停。这也是极强的一种涨停板。黄金级涨停仅逊色于钻石级，对于爱好短线的投资者有极强的参与价值。此种涨停一经发现，无论股价处于上升趋势还是下降趋势短线投机者都可放手一搏。

③白银级涨停。此种涨停的特点是早盘高开，开盘一小时内封死涨停。这里是指早盘9点35分至10点30分之间封死涨停的股票，这个时间段内封死涨停的时间越早说明其强度就越高，临盘参与的价值也就越大。能够不管大盘的好坏敢于在一个小时内封死涨停的股票,同时是值得投资者冒险的一种涨停。

④翡翠级涨停。这类涨停的特点同样是早盘高开，且10点30分至11点30分这个时间段之间封死涨停的股票。这个时间段内封死涨停的股票，显然在强度上面要逊色于前面我们提到的三个等级的股票，但还毕竟属于是早盘涨停的个股，所以同样具有投资者的参与价值，翡翠级的涨停高开越大，涨停时间越靠前参与的价值就越高。

⑤青铜级涨停。这类涨停的特征是午盘13点至14点时间段内封死涨停。这个涨停的强度一般，主力要么是谨小慎微，要么就说明主力实力不是很强大。这样的涨停参与价值一般，如果大盘处于弱势行情下建议以观望为主。投资者一定要分清哪些时候的涨停可以参与，哪些时候的涨停不能参与。下午涨停的股票出现在弱势环境，后期继续强势上涨的概率并不大，与其冒险尝试，不如等待其他更好的机会。

⑥黑铁级涨停。此涨停按照时间划分就是午盘的14点至15点封死涨停。属于尾盘涨停的股票。这个时间段封死涨停的股票其主力实力非常一般或者非

常谨慎。在市场的尾盘阶段，很多投资者已经昏昏欲睡，多数人无心恋战，此时封涨停所遇到的阻力可以说是最小的，但是主力这种偷鸡摸狗般的偷袭涨停本身就是一种怯场行为，涨停封死的时间越晚说明主力的实力越弱，或者主力根本无意投入大量资金拉升股价。黑铁级涨停强度太弱，不建议投资者参与其中。尤其是在下降趋势中，基本上买入就会被套。

六种涨停级别清楚地划分了涨停的强度，前面四种投资者介入都不会出现太大的问题。强势上涨必然会有一个惯性的上扬，就是没能如投资者所愿大幅上涨也不会出现被套牢的情形。而最后介绍的两种就不适合投资者去冒险进入，尤其是下跌趋势。弱势的涨停更多可能是主力诱多出货，通过少量资金拉抬，大量资金出货这种明修栈道暗度陈仓的伎俩是主力惯用手法。想在股市中生存，就必须要有防身的本领，尤其是喜欢短线的投资者所承担的风险相对于长线投资者要高的多。热衷于追涨涨停的股民可以参考涨停六级来考虑是否应该参与，以此来避免错误的判断。当然在股市任何方法都不会100%的准确，炒股的任何技巧和方法都必须要灵活运用，生搬硬套在股市很难取得大的收益。

3. 停牌和摘牌制度

（1）停牌和摘牌制度简介

上市公司的股票上市后要接受证券管理机构的管理和监督。中国对上市公司的停牌和摘牌都有明文规定。

如果上市公司已经不具备上市条件或者暂停上市的原因不能消除的，则证券管理机关可以依法停止该公司的股票上市，取消其上市资格。这在股票交易中称为"停牌"。如果被永久终止上市，则称为"摘牌"。

（2）相关规定

2006年版《上海证券交易所交易规则》规定"股票、封闭式基金交易出现异常波动的，本所可以决定停牌，直至相关当事人作出公告当日的上午10:30予以复牌。根据市场发展需要，本所可以调整停牌证券的复牌时间。"

什么是异常波动？《上海证券交易所交易规则》里列出了四种情形：

①连续三个交易日内日收盘价格涨跌幅偏离值累计达到 ±20% 的；

②ST 股票和 *ST 股票连续三个交易日内日收盘价格涨跌幅偏离值累计达到 ±15% 的；

③连续三个交易日内日均换手率与前五个交易日的日均换手率的比值达到

30倍，并且该股票、封闭式基金连续三个交易日内的累计换手率达到20%的；

④本所或证监会认定属于异常波动的其他情形

深圳证券交易所规定，上市公司如有下列情形，交易所可报请主管机关给上市公司予以停牌：

①公司累计亏损达实收资本额二分之一时。

②公司资产不足抵偿其所负债务时。

③公司因财政原因而发生银行退票或拒绝往来的事项。

④全体董事、监事、经理人所持有记名股票的股份总额低于交易所规定。

⑤有关资料发现有不实记载，经交易所要求上市公司解释而逾期不作解释者。

⑥公司董事或执行业务的股东，有违反法令或公司业务章程的行为，并足以影响公司正常经营的。

⑦公司的业务经营，有显著困难或受到重大损害的。

⑧公司发行证券的申请经核准后，发现其申请事项有违反有关法规、交易所规章或虚假情况的。

⑨公司因财务困难，暂停营业或有停业的可能，法院对其证券做出停止转让裁定的。

⑩经法院裁定宣告破产的。

⑪公司组织及营业范围有重大变更，交易所认为不宜继续上市的。

另外，上市公司如有下述情形，则应要求停止上市买卖：

①上市公司计划进行重组的。

②上市证券计划发新票券的。

③上市公司计划供股集资的。

④上市公司计划发股息的。

⑤上市公司计划将上市证券拆细或合并的。

⑥上市公司计划停牌的。

若遇到以上情况，证券行情表中会出现"停牌"字样，该股票买卖自然停止，该股票一栏即是空白。

4. 股票的除权和填权

上市公司每年给股东分红和分配股息时，要确定一个除权日或除息日。在这天之前，股东手中的股票具有从上市公司分配一年来股票利润的权利。此时的股票称为含权股或含息股。当股东在除权日完成分红、配股缴款和取得转增股票时，这种权利得到实现。此时的股票便称为除权股票。在除权后的一段时间里，如果多数人对该股看好，该只股票交易市价高于除权基准价，这种行情称为填权。

例如，股票 G 现价为 11 元，分红方案为每 10 股送 1 股，股票的除权价为每股 10 元，若除权后股票的价格从 10 元的基础上往上涨，则称为填权，若从 10 元的基础上向下跌，则称为贴权

股票的除权日股价比较低。更容易吸引投资者。效益好的公司除权后股价一般都会向上走就叫填权，当股价再涨到当初除权时的价位时就叫填满权。

5. 股票的除息和填息

（1）除息和填息概述

股票的除息是 指以股票前一个交易日收盘价，减去上市公司要发放的股息。填息是指除息后股价上升，将除息差价补回。上市公司将股息"无偿"划入股东的账户后，二级市场上的股价是要剔除这部分所得，派息并非是无偿的。

上市公司在派息时要确定股权登记日，在股权登记日以前持有或买进股票属含息股，股东都享受派息权利。股权登记的次日为除息日，此时买进的股票不再享受派息权利。在除息基准日确定后，除息当天会出现除息报价。除息日前一天的收盘价和除息日当日的开盘价会出现一个自然缺口，称除息缺口。

（2）计算方法

当上市公司宣布上年度分红派息方案并获董事会及证监会批准后，即可确定股权登记日。在股权登记日交易（包括股权登记日）后手中仍持有这种股票的投资者均有享受分红派息的权力。如果是分红利现金，称做除息，大盘显示 XD××；如果是送红股或者配股，称为除权，大盘显示 XR××；如果是即分红利又配股，称为除权除息，大盘则显示 DR××。这时，大盘显示的前收盘价不是前一天的实际收盘价，而是根据股权登记日收盘价与分红现金的数量、送配股的数量和配股价的高低等结合起来算出来的价格。具体算法如下：

①除息价 = 股息登记日的收盘价 − 每股所分红利现金额

例如：某股票股息登记日的收盘价是 4.17 元，每股送红利现金 0.03 元，

则其次日股价为 4.17 - 0.03=4.14(元)

②送红股后的除权价 = 股权登记日的收盘价 ÷(1+ 每股送红股数)

例如：某股票股权登记日的收盘价是 24.75 元，每 10 股送 3 股，，即每股送红股数为 0.3，则次日股价为 24.75÷(1+0.3)=19.04(元)

③配股后的除权价 =(股权登记日的收盘价 + 配股价 × 每股配股数)÷(1+ 每股配股数)

例如：某股票股权登记日的收盘价为 18.00 元，10 股配 3 股，即每股配股数为 0.3，配股价为每股 6.00 元，则次日股价为：

(18.00+6.00×0.3)÷(1+0.3)=15.23(元)

④除权除息价 =(股权登记日的收盘价 - 每股所分红利现金额 + 配股价 × 每股配股数)÷(1+ 每股送红股数 + 每股配股数)

例如：某股票股权登记日的收盘价为 20.35 元，每 10 股派发现金红利 4.00 元，送 1 股，配 2 股，配股价为 5.50 元 / 股，即每股分红 0.4 元，送 0.1 股，配 0.2 股，则次日除权除息价为 (20.35 - 0.4+5.50×0.2)÷(1+0.1+0.2)=16.19(元)。

6. 融资融券制度

（1）融资融券制度概述

融资是借钱买证券，证券公司借钱给您购买股票，您到时候需要还本付息，您向证券公司融资买进证券称为"买空"；融券是您借股票来卖，然后以股票归还，证券公司出借股票给您出售，您需要在约定的时候交付相同种类和数量的证券并支付利息，也称为"卖空"。融资融券可以帮助市场价格尽可能的接近股票的真实价值，同时在熊市时，还可以缓解股价集体跳水的现象。但是，在中国市场上，一般只有账户保证金超过 50 万左右的股民可以进行融资融券的交易，而且，券商持有的融资融券的股票种类也不丰富。

总体来说，融资融券交易关键在于一个"融"字，有"融"投资者就必须提供一定的担保和支付一定的费用，并在约定期内归还借贷的资金或证券。

（2）发展历程

随着我国资本市场迅速发展和证券市场法制建设的不断完善，证券公司开展融资融券业务试点的法制条件已经成熟，2005 年 10 月 27 号，十届全国人大常委会十八次常委会议审定通过新修订的《证券法》，规定证券公司可以为客户融资融券服务。

2006 年 06 月 30 日，证监会发布《证券公司融资融券试点管理办法》(2006 年 8 月 1 日起施行)。8 月 21 日，《融资融券交易试点实施细则》公布。

2008 年 4 月 23 号经国务院常务会议审议通过公布的《证券公司监督管理条例》48 条至 56 条对证券公司的融资融券业务进行了具体的规定。

2008 年 10 月 05 日，证监会宣布启动融资融券试点。

2008 年 10 月 31 日，证监会发布《证券公司业务范围审批暂行规定》，并于 12 月 01 日开始实施。

2010 年 01 月 08 日，国务院原则上同意了开设融资融券业务试点，这标志着融资融券业务进入了实质性的启动阶段。

2010 年 03 月 19 日，证监会公布融资融券首批 6 家试点券商。

2010 年 03 月 30 日，上海、深圳证券交易所正式向 6 家试点券商发出通知，将于 2010 年 3 月 31 日起接受券商的融资融券交易申报。融资融券交易正式进入市场操作阶段。

2012 年 12 月 31 日，据统计开展融资融券业务证券公司已有 74 家，开立投资者信用证券账户超过 50 万户。

（3）业务流程

融资交易中，投资者向证券公司交纳一定的保证金，融入一定数量的资金买入股票的交易行为。投资者向证券公司提交的保证金可以是现金或者可充抵保证金的证券。而后证券公司向投资者进行授信后，投资者可以在授信额度内买入由证券交易所和证券公司公布的融资标的名单内的证券。如果证券价格上涨，则以较高价格卖出证券，此时只需归还欠款，投资者就可盈利；如果证券价格下跌，融入资金购买证券，这就需要投资者补入资金来归还，则投资者亏损。

融券交易中，投资者向证券公司交纳一定的保证金，整体作为其对证券公司所负债务的担保物。融券交易为投资者提供了新的盈利方式和规避风险的途径。投资者如果预期证券价格即将下跌，可以借入证券卖出，而后通过以更低价格买入还券获利；或是通过融券卖出来对冲已持有证券的价格波动，以套期保值。

五、股民常用术语大放送

本章前面几节的目的在于帮助初入股市的投资者扫扫盲，更深入的了解还需要投资者自己在股市中摸爬滚打，所谓实践出真知。在此，笔者有必要列举一些常用到的盘面术语，以便帮助投资者在实战中做到耳熟能详。

[轧空] 指做空头买卖的投资人在卖出股票之后，股票的价格却一路上涨，在不得已的情况下以比卖出价更高的价格重新买进已卖出的股票。

[反转] 指股价由多头行情转为空头行情，或由空头行情转为多头行情。大势来讲，就是由牛市转变为熊市，或是由熊市转变为牛市，从个股来讲，从下跌趋势转向上升趋势，投资者应积极参与，股票的形态看好。从上升趋势转为下跌趋势，投资者应尽快出局或远离该股票。

[成长股] 是指这样一些公司所发行的股票，它们的销售额和利润额持续增长，而且其速度快于整个国家和本行业的增长。这些公司通常有宏图伟略，注重科研，留有大利润作为再投资以促进其扩张。

[绩优股] 是指过去几年业绩和盈余较佳，展望未来几年仍可看好，只是不会再有高度成长可能性的股票。该行业远景尚佳，投资报酬率也能维持一定的高水平。

[投机股] 是指那些从事开发性或冒险性的公司的股票。这些股票有时在几天内上涨许多倍，因而能够吸引一些投机者。这种股票的风险性很大。

[多头] 投资者对股市前景看好，认为股价将上涨，于是先用低价买进，特价而沽。这种先买后卖的人称为多头。

[空头] 投资者对股市前景看跌，认为股价现在太高，先卖掉股票，当股价跌到预期程度时再买进，以赚取差价。这种先卖后买的人称为空头。

[牛市] 指较长一段时间里处于上涨趋势的股票市场。牛市中，求过于供，股价上涨，对多头有利。

[熊市] 指较长一段时间里处于下跌趋势的股票市场。熊市中，供过于求，股价下跌，对空头有利。

[买空] 投资人预期股价将要上涨，以提交保证金方式融资购买股票，然后待股价上涨后卖出，以赚取差价。这种方式称为买空。

[卖空] 投资人预期股价将要下跌，以提交保证金方式借到股票，先卖出，而后待到股价下跌到预期程度时，再买进，赚取差价。这种方式称为卖空。

[扎空] 卖出股票后，股价不跌反涨，称为扎空行情。

[抢短线] 预期股价上涨，先低价买进后再在短期内以高价卖出。预期股价下跌，先高价卖出再伺机在短期内以低价再回购。

[利好(利多)] 凡对多头有利，刺激股价上涨的因素或信息称为利好(利多)。

[利空] 凡对空头有利，促使股价下跌的因素或信息称为利空。

[大户] 手中持有大股票或资本，做大额交易的客户，一般是资金雄厚的人，他们吞吐量大、能影响市场股价。

[散户] 进行零星小额买卖的投资者，一般指小额投资者，或个人投资者。

[反弹] 在空头市场上，股价处于下跌趋势中，会因股价下跌过快而出现回升，以调整价位，这种现象称为反弹。

[抬拉] 抬拉是用非常方法将股价大幅度抬起。通常大户在抬拉之后便大抛出以牟取暴利。

[打压] 打压是用非常方法将股价大幅度压低。通常大户在打压之后便大量买进以牟取暴利。

[热门股] 是指交易量大、流通性强、股价变动幅度较大的股票。

[除权] 股票除权前一日收盘价减去所含权的差价，即为除权。

[派息] 股票前一日收盘价减去上市公司发放的股息称为派息。

[配股] 公司发行新股时按股东所持股份数以持价(低于市价)分配认股。

[套牢] 指预测股价将上涨，买进后却一路下跌，或是预测股价将下跌，于是借股放空后，却一路上涨，前者称为多头套牢，后者称为空头套牢。

[阻力线] 股价上涨到达某一价位附近，如有大量的卖出情形，使股价停止上扬，甚至回跌的价位。

[支撑线] 股价下跌到在某一价位附近，如有大量买进情形，使股价停止下跌甚至回升的价位。

[跳空] 股市受到强烈利多或利空消息的刺激，股价开始大幅跳动，在上涨时，当天的开盘或最低价，高于前一天的收盘价两个申报单位以上，称"跳空而上"；下跌时，当天的天盘或最高价低于前一天的收盘价两个申报单位，而于一天的交易中，上涨或下跌超过一个申报单位，称"跳空而下"。

[突破] 指股价经过一段盘档时间后，产生的一种价格波动。

[洗盘] 庄家为达妙作目的，必须于途中让低价买进，意志不坚的散户抛

出股票以减轻上档压力，同时让持股者的平均价位升高，以利于施行养、套、杀的手段。

[震盘] 指股价一天之内呈现忽高忽低之大幅度变化。

[差价] 股票在买进和卖出的两种价格之间所获得之利润或亏损，前者称差价利得，后者称差价损失。

[多头市场] 也称牛市，就是股票价格普遍上涨的市场。

[空头市场] 股价呈长期下降趋势的市场，空头市场中，股价的变动情况是大跌小涨。亦称熊市。

[多翻空] 原本看好行情的多头，看法改变，卖出手中的股票，有时还借股票卖出，这种行为称为翻空或多翻空。

[空翻多] 原本作空头者，改变看法，把卖出的股票买回，有时还买进更多的股票，这种行为称为空翻多。

[骗线] 大户利用股民们迷信技术分析数据、图表的心理，故意抬拉、打压股指，致使技术图表形成一定线型，引诱股民大量买进或卖出，从而达到他们大发其财的目的。

第五章

新手看盘快速入门

　　我是新手如何看盘？看盘有哪些重点难点？如何利用好股票软件更有效地获取尽可能全面和深入的大盘信息？其实并不难，看盘，无非是看趋势，比数字，前者落实到图形，后者加入自己的观测重点，在获取的大盘及个股的信息基础上，仔细分析，详细比较，自然而然，就会逐渐形成自己看盘的独家秘方。此时在进行投资也就能比较有针对性，能有的放矢，趋利避害。

一、什么是看盘

看盘俗称"盯盘"，是股票投资者主要的日常工作。许多证券公司都在其营业大厅的墙上挂有大型彩色显示屏幕，显示的内容主要有（上一天的）收盘价、开盘价、最高价、最低价、最新价、买入价、卖出价、买盘、卖盘、涨跌、买手、卖手、现手、成交量和总额等，而股民在看盘时也主要看这些内容。下面对这些进行具体解释：

上一天收盘价：前一天最后收盘集合竞价的成交价格。

开盘价：当天开盘集合竞价的成交价格。

最高价、最低价：当天开盘以来各笔成交价格中最高和最低的成交价格。

最新价：刚刚成交的一笔交易的成交价格。

买入价：证券交易系统显示的已经申报但尚未成交的买进股票的价格。

卖出价：证券交易系统显示的已经申报但尚未成交的卖出股票的价格。

买盘：当前申请买人股票的总数。

卖盘：当前申请卖出股票的总数。

涨跌：现在的最新价和前一天的收盘价相比，是涨还是跌了。一般上涨用红色表示，下跌用绿色表示，和前一天收盘价相同用白色表示。它有两种表示方法：一种直接标出涨跌的差额，另一种是给出涨跌幅度的百分数。

买手：比最新价低 5 个价位以内的买入手数之和。

卖手：比最新价高出 5 个价位以内的卖出手数之和。

现手：刚成交的这一笔交易的交易量的大小。因为股票交易的最小单位是手，一手是 100 股。所以衡量交易量的大小，也就用手数代替数量。

成交量：今天开盘以来该股票交易所有手数之和，换成股数要乘以 100。

成交总额：是今天开盘以来该股交易的所有金额之和，其单位通常是万元。

另外，大盘除了显示各支上市股票的行情之外，还显示整个市场行情的股价指数，也就是我们常说的上证指数和深成指数等。

二、看盘应关注的重点

看盘主要关注以下六方面的重点：

1. 开盘时集合竞价的股价和成交额

看是高开还是低开，就是说，和昨天的收盘价相比价格是高了还是低了，它表示出市场的意愿，期待今天的股价是上涨还是下跌。成交量的大小则表示参与买卖的人的多少，它往往对一天之内成交的活跃程度有很大的影响。

2. 开盘后半小时内股价变动的方向

一般来说，如果股价开得太高，在半小时内就可能会回落，如果股价开得太低，在半小时内就可能会回升。这时要看成交量的大小，如果高开又不回落，而且成交量放大，那么这个股票就很可能要上涨。看股价时，不仅看现在的价格，而且要看昨天的收盘价、当日开盘价、当前最高价和最低价、涨跌的幅度等，这样才能看出现在的股价是处在一个什么位置，是否有买入的价值。看它是在上升还是在下降之中。一般来说下降之中的股票不要急于买，而要等它止跌以后再买。上升之中的股票可以买，但在要小心不要被它套住。

一天之内股票往往要有几次升降的波动。你可以看你所要买的股票是否和大盘的走向一致，如果是的话，那么最好的办法就是盯住大盘，在股价上升到顶点时卖出，在股价下降到底时买入。这样做虽然不能保证你买卖完全正确，但至少可以卖到一个相对的高价和买到一个相对的低价，而不会头一个最高价和卖一个最低价。

3. 买盘与卖盘

买卖双方的报价与数量申报构成盘口中的买盘和卖盘，市场投资者能够直接看到的是"买五"和"卖五"的买卖委托申报以及"内盘""外盘"和"委比""量比"等。

这几项都是表示目前盘中多、空力量对比的指标。如果即时的成交价是以"委卖"价成交的，说明买方即多方愿意以卖方的报价成交，成交的量越多，说明市场中的多头气氛越浓。

以"委卖价"实现的成交量称为"外盘",俗称"主动买盘"。在股票软件的成交明细里以红色数字(手数)出现或者在数字后面标明 B。反之,以"委买价"实现的成交量称为"内盘",也称"主动卖盘"。在股票软件的成交明细里以绿色的数字(手数)出现或者在数字后面标明 S。而股票软件成交明细里白色则是中性,不能确定是主动买进还是主动卖出。当"外盘"大于"内盘"时,反映了场中买盘承接力量较强,走势向好;"内盘"大于"外盘"时,则反映场内卖盘力量大于买盘,走势偏弱。

由于内盘、外盘显示的是开市后至现时以"委卖价"和"委买价"各自成交的累计量,所以对我们判断目前的走势强弱有帮助。如果主动性买盘与主动性卖盘价格相差很大,说明买方追高意愿不强,同时卖方也有较强的惜售心理,多空双方处于僵持状态。

4. 开盘后股票涨、跌停板情况

开盘后涨、跌停板的情况会对大盘产生直接的影响。在实行涨、跌停板制度后,可以发现涨、跌停板的股票会对与其有可比性、同类型的股票产生助涨与助跌的作用。

比如说大盘开盘后某只钢铁股涨停,在其做多示范效应影响下,其他的与其相近的或者有可比性的股票会有走强的趋势。股民朋友应该多留心观察,找出一些经常联动的股票,在某只股票大幅攀升时,可以跟踪其联动股票而获取收益。反之亦然。

5. 阻力与支撑情况

涨到一定价以后涨不动了的价位就叫阻力位,跌到一定价以后跌不动了的价位就叫支撑位。通常的定义是:支撑位是指在股价下跌时可能遇到支撑,从而止跌回稳的价位;阻力位则是指在股价上升时可能遇到压力,从而反转下跌的价位。

阻力越大,股价上行越困难;而支撑越强,股价越跌不下去。对支撑与阻力的把握有助于对大市和个股的研判,如当指数或股价冲过阻力区时,则表示市道或股价走势甚强,可买进或不卖出;当指数或股价跌破支撑区时,表示市道或股价走势很弱,可以卖出或不买进。市场中的顶部或底部往往构成阻力位或支撑位。

(1)利用心理价位来确定支撑位和阻力位,比如对于上证指数来说,

3000 点、4000 点和 5000 点等一些整数关口，都会对投资者形成心理上的阻力位或支撑位。大盘在整数关口，一般也会震荡整理较长时间。

（2）根据缺口判断：一些跳空缺口，也会形成阻力位或支撑位。

（3）价格回撤：即同当前走势相反的价格波动，比如大盘从 4000 点上涨到 6000 点，然后回撤至 5000 点，此后继续上攻。5000 点便是行情的"回撤"点位，也说明 5000 点支撑强劲。

（4）前期密集成交区：如果市场密集成交区在当前价位之上，那么该区域就会在股价上涨时形成阻力，这就是所谓的"套车盘"。反之，如果市场当前的价位在历史成交密集区之上，那么该密集区就会在股价或股票价格指数下跌时形成支撑。

（5）技术指标，如 BOLL，是很不错的压力支撑指标，一般股票投资分析软件里都有。此外，某些技术形态也形成压力或支撑，如上升三角形的顶边、头肩顶的颈线、通道的上下边及中线等。

支撑和阻力是客观存在的两个因素，它可随着市场的强弱相互转换。弱市时，股价遇到长期均线的阻力、成交密集区的阻力，都会回落，应是卖出的机会。强市时，股价放量冲过阻力区，回抽确认时，这个阻力位也就成了支撑位。

压力与支撑说到底就是一个心理承受力在股票市场里的再次体现，主力就在此大做文章。当然，超强式的股票，冲阻力区就像百米跨栏，一冲而过，任何阻力也就不在话下了。

6. 尤其要注意买盘的变化

某股冲高回落，买 1 原有 200 手（20000 股）接盘，瞬间变成了 130 手，减少了 70 手，随后又变为 190 手，增加 60 手，接着又减少，又增加等。但在经过了若干次的变动以后，这一价位上的接盘数量与原来的差不多。在几十秒钟的时间里几乎有相同的单子既出又进，一定是有人所有企图。那么这样做的目的是什么呢？

一个价位上的接单数量一般是由若干张单子组成的，而成交的原则之一是时间优先：排在最前面的单子将先成交。将前面的单子撤下来，后面的单子就往前移，成交的将是原来排在后面的单子。所以说，这样做的目的是为了让后面的单子成交。那为什么又重新将单子挂上去呢？这个人肯定希望市场能在此价位接掉一些，但又不愿意股价回落过多，因此增加一些接盘量以壮声势。

三、股票软件上有哪些重要的窗口

1.股票报价窗口

一般证券公司营业厅的大屏幕上显示的就是股票的报价窗口，也称为行情窗口，股票软件一打开时显示的也是股票的报价窗口。这个窗口包含了所有股票的价格变动信息和一些历史信息。如图5-1所示，为从招商证券全能版股票软件上截下来的报价窗口。

	代码	名称	现价	涨幅%	总金额	买价	卖价	总量	现量	涨速%	换手%	今开	最高	最低	昨收
1	000001	平安银行	15.86	-4.00	36.9亿	15.85	15.86	229.9万	19760	0.82	1.95	16.41	16.52	15.50	16.52
2	000002	万 科A	13.77	-5.36	46.3亿	13.77	13.78	328.6万	31291	-0.21	3.38	14.61	14.63	13.62	14.55
3	000004	国农科技	24.86	-3.46	5569万	24.86	24.88	22087	131	-0.12	2.63	25.68	25.74	24.77	25.75
4	000005	世纪星源	-	-	0.0	-	-	0	0	-	0.00	-	-	-	4.10
5	000006	深振业A	10.79	-5.43	4.79亿	10.78	10.79	435715	2981	-0.18	3.25	11.43	11.43	10.69	11.41
6	000007	零七股份	26.94	3.62	1.81亿	26.94	26.95	68608	643	0.82	3.33	26.80	27.53	25.55	26.00
7	000008	神州高铁	-	-	0.0	-	-	0	0	-	0.00	-	-	-	26.87
8	000009	中国宝安	21.80	-2.55	13.3亿	21.79	21.80	603879	5376	0.00	4.05	22.80	22.80	21.11	22.37
9	000010	深华新	-	-	0.0	-	-	0	0	-	0.00	-	-	-	7.40
10	000011	深物业A	13.43	-5.69	1.37亿	13.43	13.44	99795	358	-0.07	5.67	14.19	14.19	13.22	14.24
11	000012	南 玻A	15.39	-0.45	12.2亿	15.38	15.39	793909	7852	-0.32	6.09	15.40	15.70	15.01	15.46
12	000014	沙河股份	20.90	-3.91	6460万	20.89	20.90	30592	455	0.00	1.52	21.78	21.79	20.58	21.75
13	000016	深康佳A	16.80	4.02	7.08亿	16.78	16.80	428555	7363	1.63	7.14	16.00	17.47	15.80	16.15
14	000017	深中华A	14.00	-5.98	2.16亿	13.99	14.00	152940	967	-0.35	5.05	14.56	14.68	13.75	14.89
15	000018	中冠A	30.09	2.84	6629万	30.01	30.09	22135	261	0.03	2.22	29.50	30.67	29.33	29.26
16	000019	深深宝A	14.50	0.49	1.26亿	14.49	14.50	87231	1003	0.41	3.46	14.25	14.82	14.06	14.43
17	000020	深华发A	14.95	-3.42	7539万	14.94	14.95	49751	78	-0.13	7.69	15.50	15.69	14.60	15.48
18	000021	深科技	13.11	-3.82	7.44亿	13.11	13.12	550366	2723	-0.07	3.74	13.64	13.98	12.91	13.63
19	000022	深赤湾A	-	-	0.0	-	-	0	0	-	0.00	-	-	-	26.69
20	000023	深天地A	25.63	-1.46	1.99亿	25.63	25.64	78197	1089	1.34	5.64	26.01	26.20	24.77	26.01

图5-1 股票报价窗口

我们在此对报价窗口的主要术语做一个简单介绍。

代码：代表某个股票的一个号码，一个代码唯一对应一只股票，即某只股票的编号。名称：某个公司股票的简称。它与代码一一对应。

现价：最近一笔成交价格。涨幅：现价对于昨日收盘价的涨跌幅度。总金额：该只股票今日以成交的总金额。买入价，委托买入股票的最高价。卖出价，委托卖出股票的最低价。总量，今日已完成的总成交量。现量，是刚成交的一笔的总量，一般以手数为单位。

涨速，是指单位时间内股票价格涨幅的大小。一般判断是：上涨的时间越短、涨幅越大，主力资金的实力就越是强大。幅度涨速 = 收盘价的 N 日线性回归斜率 ÷ 收盘价，一般参数 N 设置为 8。涨速是相对某个时刻之前的某个价格而言。例如，某个股票 5 分钟之前的股价是 10 元，而现在的价格是 10.1 元，则这个股票的 5 分钟涨速为：（10.1−10）/10×100%=1%。

换手率的计算公式为：换手率 = 某一段时期内的成交量 / 发行总股数 ×100%（在中国：成交量 / 流通总股数 ×100%）。

市盈（动），静态市盈率 = 普通股每股市场价格 ÷ 普通股每年每股盈利，动态市盈率，其计算公式是以静态市盈率为基数，乘以动态系数，该系数为 $1/(1+i)^n$，i 为企业每股收益的增长性比率，n 为企业的可持续发展的存续期。比如说，上市公司目前股价为 20 元，每股收益为 0.38 元，去年同期每股收益为 0.28 元，成长性为 35%，即 i=35%，该企业未来保持该增长速度的时间可持续 5 年，即 n = 5，则动态系数为 $1/(1+35\%)^5$=22.30%。相应地，动态市盈率为 11.74 倍，即：52.63（静态市盈率：20 元 /0.38 元 =52.63）×22.30%。

涨跌，涨跌值，用"元"做单位表示价格变动量，涨跌 = 今收盘 − 昨收盘。

振幅，振幅是指开盘后最高价、最低价之差的绝对值与股价的百分比。在股票分析中，股票振幅是指某股票在一定时期中的最低价与最高价之间的振荡幅度，它在一定程度上表现股票的活跃程度。

流通股本，公司在证券交易所上市流通的股本。2005 年开始实施股权分置改革后，新上市的股票都是全流通的，过去的法人股也慢慢可以开始在二级市场流通，但却是有数量和时间限制，这就是限售流通股，因为监管部门担心一下子那么多的股票上市，必然会导致资金承接不住而崩盘。

所属行业，也即是企业在国民经济行业分类里隶属的行业类别。此外，证监会行业板块是按证监会发行股票时认定的该股票属于哪个行业板块就是行业板块，基本上参与证券市场的股票都属于证监会的范围内，他们由中国证监会直接监督管理的板块。证监会行业板块有别于行业板块。行业板块是比较粗的大行业，比如电子制造，行业板块就是电子制造，证监会行业板块却又把电子制造分 3 个细类：电子元器、日用电子、其他电子制造等。

多空平衡、多头获利、多头止损、空头回补、空头止损，是根据买卖盘计算出来的起提示作用的五个股价价位。

多空平衡：（最高价＋最低价＋收盘价）/3。在这个价位多空实力相当，买卖持平，多方空方均不获利。

多头获利：（最高价＋最低价＋收盘价）/3＋（昨日最高价－昨日最低价）。做多的人获得利润。

多头止损：（最高价＋最低价＋收盘价）/3－（昨日最高价－昨日最低价），股价若达到这个价位，多头应该卖出股票止损。

空头回补：2*（最高价＋最低价＋收盘价）/3－最低价。此时，原来在高价位卖出股票的人应该补仓买入股票，获利出局。

空头止损：2*（最高价＋最低价＋收盘价）/3－最高价。停止做空，买进。

2. 分时图

分时图是指大盘和个股的动态实时（即时）分时走势图，在实战研判中的地位极其重要，是即时把握多空力量转化的根本，在这里给大家介绍一下分时图的基础知识。

（1）大盘分时图

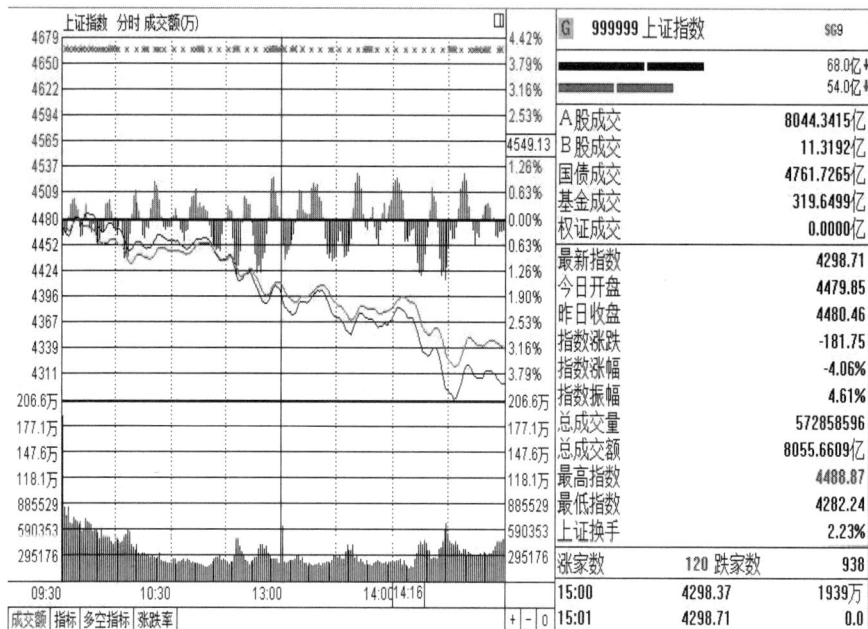

图5-2　大盘分时走势图

大盘分时走势图（图5-2为2015年5月5日的大盘分时图），又称大盘即时走势图，主要包括如下几个方面的内容。

①粗横线。粗横线表示上一个交易日指数的收盘位置。它是当日大盘上涨与下跌的分界线，它的上方，是大盘的上涨区域，下方是大盘的下跌区域。

②加权指数曲线和不含加权指数曲线。如图5-2所示，图中波动较少的曲线表示大盘加权指数，即媒体常说的大盘指数。波动较大曲线为大盘不含加权的指标，即不考虑股票盘子的大小，而将所有股票对指数影响看作相同而计算出来的大盘指数。

参考这两条两曲线的相互位置可知：

①当大盘指数上涨时，加权线在不加权线之上，表示流通盘较小的股票涨幅较大；反之，说明流通盘较小的股票涨幅落后大盘股。

②当大盘指数下跌时，加权线在不加权线之上，表示流通盘较小的股票跌幅小于盘大的股票；反之，流通盘较小的股票跌幅大于盘大的股票。

③成交量柱线。在指数曲线图下方，柱状线表示实时成交量，单位为手（每手为100股）。最左边一根长的线是集合竞价时的交易量。成交量大时，柱状线就会拉长；成交量小时，柱状线就相应地缩短。

④右方小窗口，提供了一些相关的数值。

（2）个股分时图

个股分时走势图如图5-3所示，其主要内容包括如下几个部分：

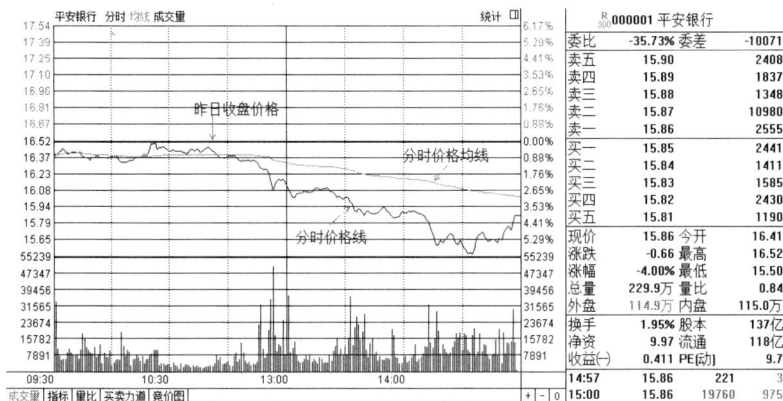

图5-3　个股分时走势图

①分时价位线，表示该种股票实时成交的价格。

②分时均价线，表示该种股票即时成交的平均价格，即当天成交总金额除以成交总股数。它是从当日开盘到现在平均的交易价格画成的曲线，其作用类似移动平均线。

③柱线，在分时价位线图下方，用来表示实时的成交量。

④卖盘等候显示栏。该栏中显示的卖1、卖2、卖3、卖4、卖5，表示依次有交易者在等候卖出。按照"价格优先，时间优先"的交易原则，谁卖出的报价低谁就排在前面，如果卖出的报价相同，谁先报价谁就排在前面，优先成交，由计算机自动计算。

⑤买盘等候显示栏。该栏中显示的买1、买2、买3、买4、买5，表示依次等候买进，与等候卖出相反，谁买进的报价高谁就排在前面，如买进的报价相同，谁先报价就排在前面。

⑥成交价格、成交量显示栏。该栏目有多个内容，说明如下：

均价，即开盘到现在买卖双方成交的平均价格。其公式是：均价 = 成交总额／成交量。收盘时的均价为当日交易均价。

开盘，即当日的开盘价。

最高，即开盘到现在买卖双方成交的最高价格。收盘时显示的"最高"价格为当日已经成交的最高的价格。

最低，即开盘后到现在买卖双方成交的最低价格。收盘时"最低"后面显示的价格为当日成交的最低价格。

量比，是衡量相对成交量的指标。它是开市后每分钟平均成交量与过去 5 个交易日的每分钟成交量之比。其公式为：量比 = 现在总手／（（前 5 日平均每天总手／240）× 当前已开市分钟数）。其中前 5 日平均总手数／240 表示 5 日来的每分钟成交手数。

最新，即买卖双方的最新一笔成交价。

涨跌，即当日该股上涨和下跌的绝对值，以元为单位。红色表示涨，黑色表示跌。

幅度，即当日成交到现在的上涨或下跌的幅度。若幅度为正值，数字颜色显示为红色，表示股价在上涨；若幅度为负值，数字显示颜色则为黑色，表示股价在下跌。幅度的大小用百分比表示。收盘时的涨跌幅度即为当日的涨跌幅度。

总手，即当日开始成交一直到现在为止的总成交手数。收盘时"总手"，表示当日成交的总手数。

现手，已经成交的最新一笔买卖的手数。在盘面的右下方为即时的每笔成交明细，向上的箭头表示以卖出价成交的手数，向下箭头表示以买入价成交的手数。

涨停，指当日涨停价格。

跌停，指当日跌停价格。

总额，是指总成交金额。

总笔，是指总的成交笔数，一笔可能包含任何法定内的手数，也即一笔委托可能是 1 手，也可能是 300 手。

每笔，是指平均每笔交易包含的手数。

换手，也称"周转率"，指在一定时间内市场中股票转手买卖的频率，是反映股票流通性强弱的指标之一。

⑦外盘、内盘显示栏。买卖双方的报价与数量申报构成盘口中的买盘和卖盘，市场投资者能够直接看到的是"买五"和"卖五"的买卖委托申报以及"内盘""外盘"和"委比""量比"等。

3. 委托盘

盘口有一些重要的数据，反映了非常丰富的盘口信息，下面主要讲解委比、委差及委托盘在盘口研判中的作用。

委比、委差和委托盘在软件中如图5-4所示。

$\frac{R}{300}$000001平安银行		
委比	-35.73% 委差	-10071
卖五	15.90	2408
卖四	15.89	1837
卖三	15.88	1348
卖二	15.87	10980
卖一	15.86	2555
买一	15.85	2441
买二	15.84	1411
买三	15.83	1585
买四	15.82	2430
买五	15.81	1190
现价	15.86 今开	16.41
涨跌	-0.66 最高	16.52
涨幅	-4.00% 最低	15.50
总量	229.9万 量比	0.84
外盘	114.9万 内盘	115.0万
换手	1.95% 股本	137亿
净资	9.97 流通	118亿
收益(一)	0.411 PE(动)	9.7

图5-4　委比、委差和委托盘

（1）认识委比

委比是指委托买、卖盘之差的比值，它既可以是正值，也可以是负值，它反映了市场中做多和做空能量的对比，是衡量某一时段买卖盘相对强度的指标。它的计算公式为：

委比 =（委买手数 - 委卖手数）÷（委买手数 + 委卖手数）x100%

上述公式中的"委买手数"是指即时向下五档委托买入的总手数，"委卖手数"是指即时向上五档委托卖出的总手数。

如某一时刻，股票 G 的买入和卖出委托排序情况如表 5-1 所示。

表 5-1 股票 G 的买入和卖出委托排序表

序号	委托买入价	数量（手）	序号	委托卖出价	数量（手）
1	3.64	4	1	3.65	6
2	3.63	7	2	3.66	6
3	3.62	6	3	3.67	3
4	3.61	6	4	3.68	1
5	3.60	15	5	3.69	4

根据上表可以知道委托买入的下五档的数量为 38 手，卖出委托的上五档数量为 20 手，股票 G 在此刻的委比为：

委比 =（委买手数－委卖手数）÷（委买手数＋委卖手数）×100%

=（38-20）÷（38+20）×100%

=31.03%

委比值为 31.03%，说明买盘比卖盘大，但不是很强劲。通过"委比"指标，投资者可以及时了解场内的即时买卖盘强弱情况。委比值的变化范围为 -100% 到 +100%，当委比值处于不同的数值时，其表达不同的含义，主要有如下几点。

①当委比值为 -100% 时，它表示只有卖盘而没有买盘，说明市场的抛盘非常大。

②当委比值为 +100% 时，它表示只有买盘而没有卖盘，说明市场的买盘非常有力。

③当委比值为负时，卖盘比买盘大。

④委比值为正时，说明买盘比卖盘大。

⑤委比值从 -100% 到 +100% 的变化是卖盘逐渐减弱、买盘逐渐强劲的一个过程。

当然，委比这个指标有时也可能会失真，从理论上讲，委比大当然是买盘多，只有买盘多，股价才会上涨。但是在实践中，又要根据具体情况来确定，如果委比大是相对卖盘小而定的话，并不是真正对上升有特大信心的表现。

（2）认识委差

委差指股市某品种当前买量之和减去卖量之和，反映买卖双方的力量对比，正数为买方较强，负数为抛压较重。

委买委卖的差值（即委差），是投资者意愿的体现，它在一定程度上反映了价格的发展方向。委差为正，价格上升的可能性就大；反之，下降的可能性大。之所以加上"某种程度上"，是因为还有人为干扰的因素，比如主力制造的假象等。

4.K 线分析图

根据每支股票当日的开盘价，收盘价，最高价，最低价四项数据，可以将股价走势图画成如图 5-7 所示 K 线图。根据日开盘价和收盘价的大小差异分为阳线和阴线，收盘价高于开盘价的 K 线为阳线，反之为阴线。其中阳线的实体上部表示收盘价，实体以上部分为影线，记录了当日达到的最高股价，阳线部分实体下部便是开盘价，如果盘中出现了比开盘价更低的价格，则用下影线表示。阴线与之相反。如图 5-5、5-6 所示，就是两个常见的 K 线形状（红色空心线表示阳线，黑色实体表示阴线）：

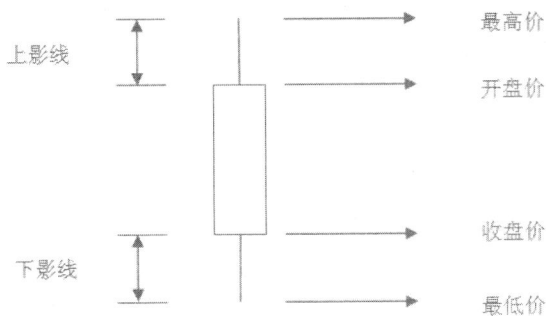

图 5-5　阳线示意图

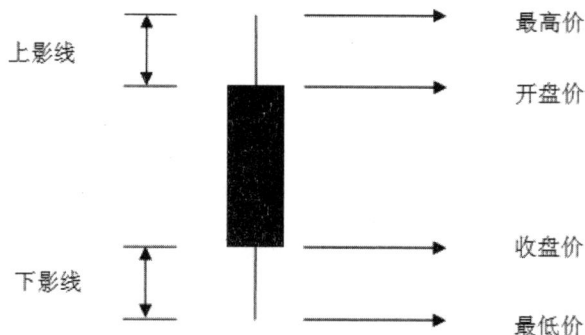

图 5-6　阴线示意图

　　如图 5-7 所示，上方是平安银行的日 K 线图分析窗口，纵坐标是股价，横坐标是日期。图中四条曲线分别是股价的 5 日平均线（MA5）和 10 日平均线（MA10），即每天都用当日前 5 或 10 日收盘价的平均值描出散点，再连成的曲线。图形下部分是成交量柱状图，纵坐标是成交量，单位为手（100 股）。柱形越高表示当日成交量越大。同样，成交量也可以画出 5 或 10 日的均线以反映平滑了每天大幅波动之后的股价变化趋势。从图中可以看出，平安银行股价最近几天整体上是下跌的，成交量也不是很大。

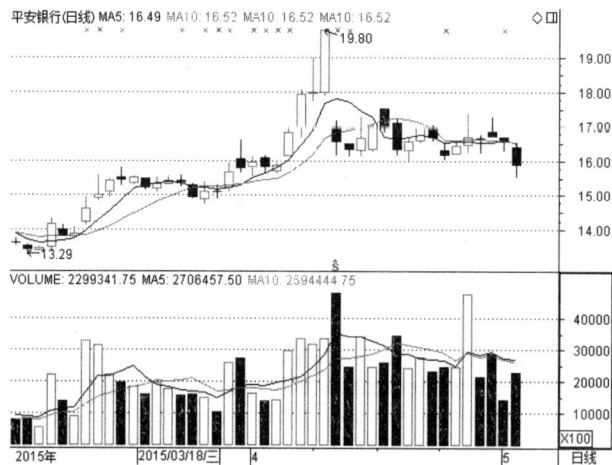

图 5-7　2015 年 4 月平安银行的 K 线图

5.技术指标窗口

技术指标是指对股票的价格、成交量等数据加以统计整理后得到的用来进行股票技术分析的数值和图形。股票技术指标属于统计学的范畴，一切以数据来论证股票趋向、买卖等。指标主要分为了3大类：（1）属于趋向类的技术指标，（2）属于强弱的技术指标，（3）属于随机买入的技术指标。

在K线图的最下方有一栏关于各种指标（用英文字母表示）的选项，只需要用鼠标单击，原来的成交量图形就会切换成各种指标的曲线图形。如图5-8所示，为MACD指标图形。

MACD（Moving Average Convergence and Divergence）是哥拉尔·艾培尔（Geral Appel）于1979年提出的，它是一项利用短期（常用为12日）移动平均线与长期（常用为26日）移动平均线之间的聚合与分离状况，对买进、卖出时机作出研判的技术指标。

MACD称为指数平滑异同移动平均线，是从双移动平均线发展而来的，由快的移动平均线减去慢的移动平均线，MACD的意义和双移动平均线基本相同，但阅读起来更方便。当MACD从负数转向正数，是买的信号。当MACD从正数转向负数，是卖的信号。当MACD以大角度变化，表示快的移动平均线和慢的移动平均线的差距非常迅速的拉开，代表了一个市场大趋势的转变。

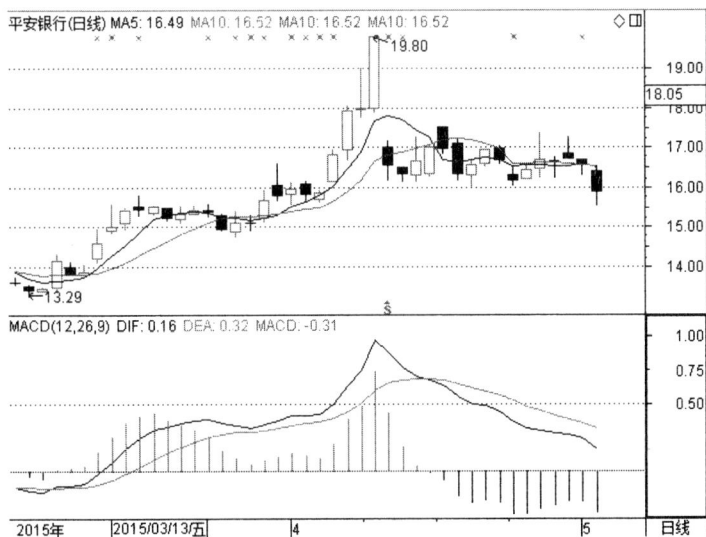

图 5-8 技术指标图形窗口

6.涨幅榜的运用

下图5-9是2015年5月5日上证A股的综合排名。通过综合排名窗口，可以看到今日涨跌幅排名、涨跌速度排名、量比、委比和总成交额的排名情况，可以快速了解当日表现突出的各只股票。投资者然后可以对其中的股票进行个股分析。

综合排名 - 上证A股								图
今日涨幅排名			5分钟涨速排名			今日委比前排名		
华银电力	9.97	10.04	华润万东	43.58	3.27	老百姓	46.06	100.00
国发股份	10.98	10.02	永艺股份	49.91	3.21	曲美股份	27.70	100.00
山东华鹏	24.49	10.02	昆药集团	32.80	2.56	星光农机	26.05	100.00
大豪科技	34.49	10.02	上柴股份	15.21	2.42	盛洋科技	31.77	100.00
银座股份	14.39	10.02	新华锦	27.58	2.34	珍宝岛	60.20	100.00
彩虹股份	15.38	10.01	长江通信	21.42	2.05	明星电缆	10.01	100.00
今日跌幅排名			5分钟跌速排名			今日委比后排名		
中国中冶	9.69	-10.03	五矿发展	26.51	-3.71	上海电力	26.16	-100.00
福能股份	14.19	-10.02	申华控股	6.64	-1.78	中国联通	8.95	-100.00
上海电力	26.16	-10.01	贵人鸟	46.44	-1.40	葛洲坝	13.22	-100.00
云维股份	8.90	10.01	新华龙	13.50	-1.39	*ST光学	21.12	-100.00
葛洲坝	13.22	-10.01	新日恒力	20.26	-1.36	啤酒花	17.41	-100.00
湘邮科技	32.84	-10.00	大湖股份	10.51	-1.31	*ST秦岭	13.09	-100.00
今日量比排名			今日振幅排名			今日总金额排名		
珍宝岛	60.20	33.43	金丰投资	35.10	20.00	中国建筑	10.80	282.9亿
大豪科技	34.49	7.77	桂冠电力	8.30	15.45	中国重工	16.02	237.5亿
太极集团	24.87	7.40	永艺股份	49.91	15.35	国电电力	6.98	209.3亿
曲美股份	27.70	7.11	国投电力	12.77	14.65	中国平安	86.15	175.8亿
盛洋科技	31.77	6.47	文山电力	11.53	14.45	中国中铁	21.44	145.5亿
派思股份	16.64	5.94	中国建筑	10.80	14.43	中国南车	31.77	144.7亿

图5-9　上证A股综合排名

股市中的人一般都知道，进入涨幅榜的个股，最终演变成持续上涨的牛股其概率相对较大，从实战看，个股登上涨幅榜大多是出于如下几种原因，如表5-2所示。

表5-2 个股登上涨幅榜原因一览表

原因	具体分析
外部原因	利好消息的影响，主要是一些有利于上市公司的各种市场传闻、消息等
内部原因	公司自身的基本面状况改善；扭亏为盈，业绩大增；公司实施优厚的利润分配方案，企业转型等重大题材
资金原因	市场主流资金的关注或者大量游资的积极介入；要区分资金介入的性质，在不确定资金性质的情况下以短线为主
联动原因	受到市场热点的波及；在蓝筹股行情中，很多本来并不真正属于蓝筹股的上市公司，由于业绩较好，同样受到市场的追捧
特殊的原因	在主力出货阶段，为了吸引投资者的注意，有时故意尾盘拉高，使该股上涨幅榜；在通常情况下，一旦个股进入涨停板以后，往往受到股评的热情推荐，有利于主力的趁机出逃；庄家的一些"送红包"的操作也会使个股暂时进入涨幅榜

　　通过上表对个股进入涨幅榜的原因分析，可以知道进入涨幅榜后的个股，也不是每支都能保持强势的，真正能成为牛股的毕竟只是少数，大多数个股不具有可操作性，也不能继续保持原有的强势。当然可以通过对涨幅榜的分析，从涨幅榜中选牛股，这样往往能起到事半功倍的效果。

第六章

分时图分析

　　看盘是个技术活儿，而其中最需要磨练和长期反复训练的还是分时图。分时图里真金线，分时图是财富眼。回调、角度、波长、分时区间，你会发现这些名词在分时图的表现中的组合千变万化，同时你也会深深体会到分时图的好滋味儿！当你观察分时图的经验累积到一定程度，你会发现，不就那么回事儿！分时图原来也这么好玩！

一、分时图判断大盘走势

大盘全天的走势往往瞬息万变，有时上午走的很强劲，下午可能突然跳水。而有时上午跌得很厉害，下午却可以力挽狂澜。所以如能事先判断当日大盘是收阴还是收阳，对于有些股民当日的短线买股至关重要。下面是几种准确率较高的判断方法。

1. 股指跳空高开

（1）股指跳空高开后半小时内，一直运行在缺口上方强势上扬，如出现此种情况，当日大盘判断收为阳线，可以在盘中回调时吸纳。

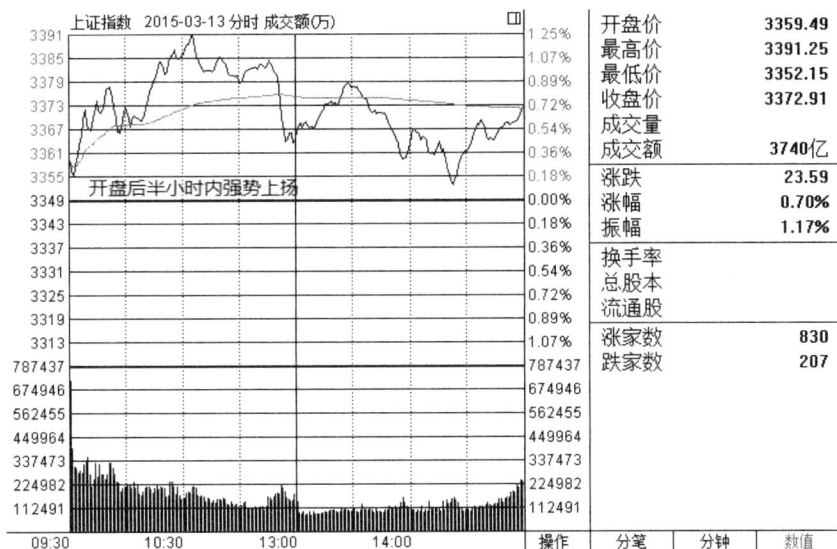

图 6-1 股指跳空高开后半小时内强势上扬

如图 6-1 所示，上证指数在 2015 年 3 月 13 日的上午跳空高开（昨日收盘 3349.32 点，今日开盘为 3359.49 点）后，半小时内持续强势上扬，结果当日大盘为阳线，较昨日上涨了 0.70%。

（2）股指跳空高开后半小时内，股指先跌，补完缺口后再上扬，在10点时股指处于上涨状态时，也应判断当日大盘收阳，但准确率没有第一种高。如图6-2所示，上证综指在2015年4月23日的分时图，上午跳空高开后，虽然一度在10点半左右股指逆势上攻，但下跌大势不减，到下午1点左右，跌幅超过50点，尾盘表现良好转阳，最终当日股指开出小阳线。

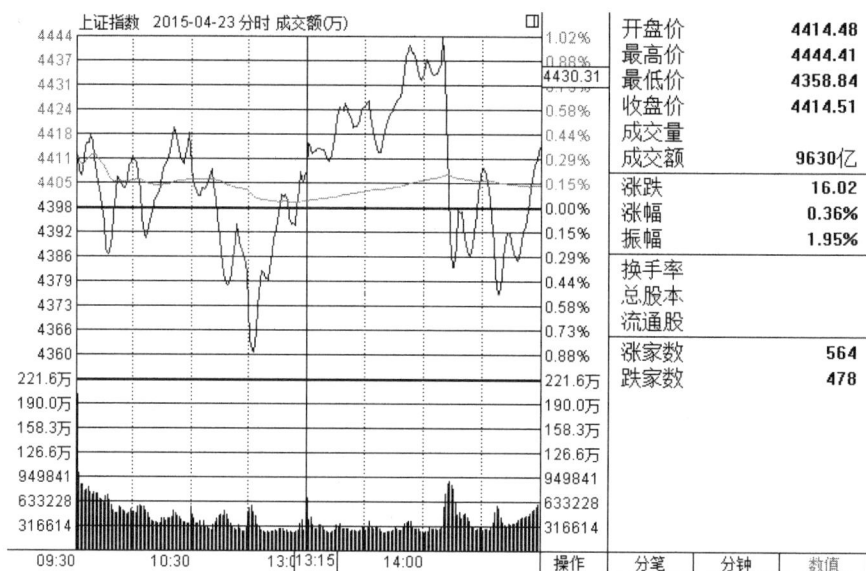

图6-2　股指跳空高开先跌且10点时上扬

（3）股指跳空高开后半小时内，股指一路下跌，经历了10点一刻左右的小幅上攻后，股指开始持续下跌，此时可判断当日收阴概率大，需小心操作。如图6-3所示即为上证综指2015年3月31日的分时图。

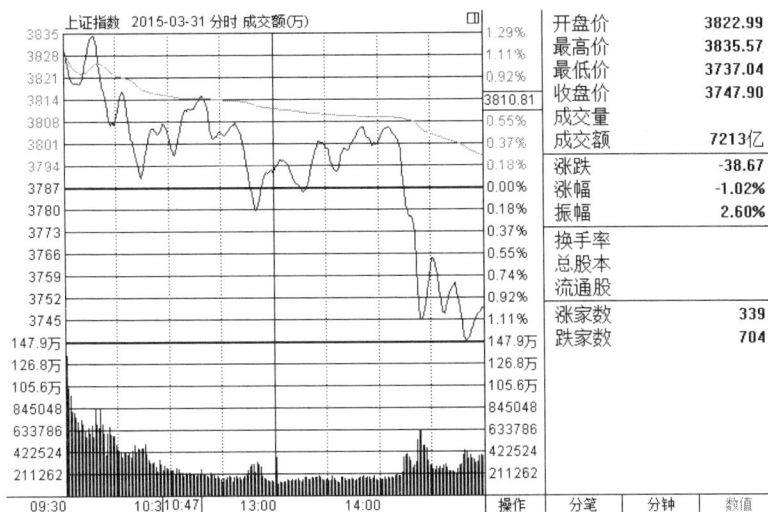

图 6-3　股指跳空高开后持续下跌且 10 点处于下跌状态

2. 股指平开

（1）股指开盘半小时内，股指一路强势上扬，则当日收阳。如图 6-4 所示，上证综指开盘后半小时内股价坚挺上扬，当日最终大盘收阳。

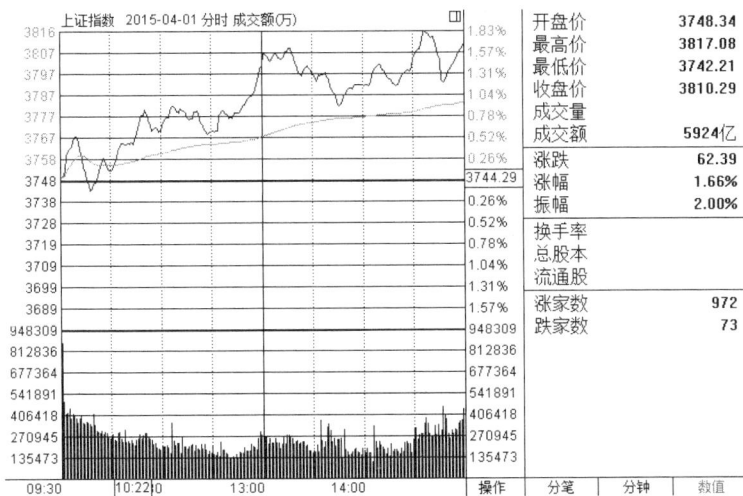

图 6-4　股指平开后半小时内一路上扬

（2）股指开盘半小时内，股指一路下跌，则当日收阴。如图6-5所示，上证综指9点半开盘后一直到10点一路下跌，当日最终大盘收阴。

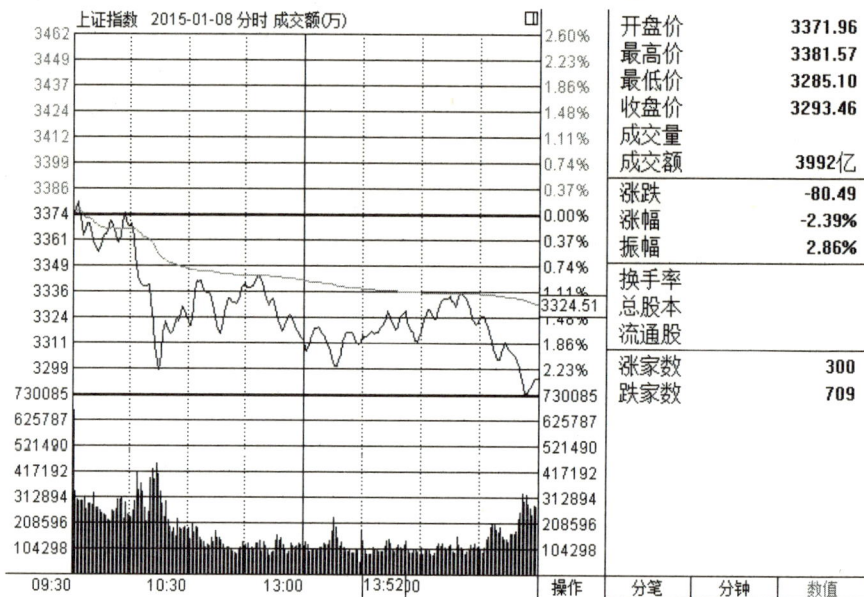

图6-5　股指平开后半小时内一路下跌

（3）股指开盘半个小时内，股指如先跌后涨，10点时如股指处于上涨状态，则往往当日收阳。股指开盘半小时内，股指如先涨后跌，10点时如股指处于下跌状态，则往往当日收阴。

3. 股指低开

（1）当股指低开后半小时内如一路下跌，则判断当日大盘收阴，此种准确率较高，且当日容易大跌。如图6-6所示，股指低开，半小时内强势下跌，结果当日大盘收阴。

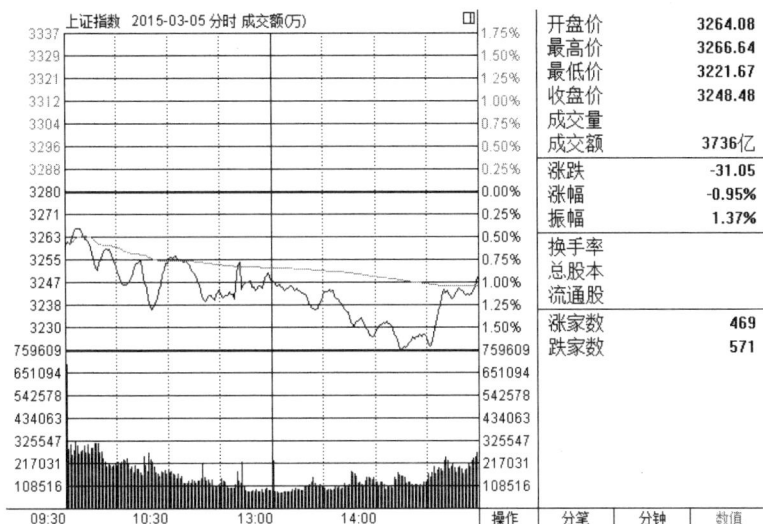

图 6-6 股指低开后半小时内下跌

（2）当股指低开后半小时内马上补缺口一路上扬，则当日收阳的概率很高。如图6-7所示，大盘低开后迅速补完缺口并继续上升,结果当日大盘为阳线。

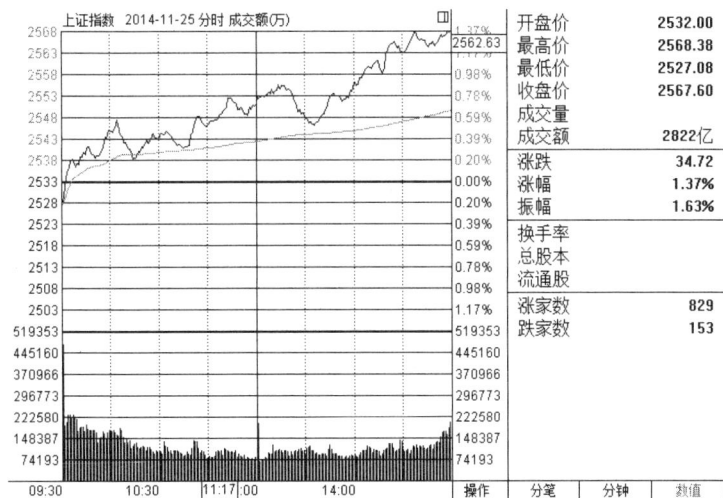

图 6-7 股指低开后半小时内上扬

（3）当股指低开后半小时内反弹，但缺口没有补完，在10点左右又下跌,则当日往往收阴。当股指低开后半小时内补完缺口再下行，则还是认为会收阴。

4. 股指振荡

（1）有时早上开盘后半小时内，股指波动的幅度非常小，往往在一两个点之内，且红柱和绿柱都非常短，有的相互交错，如出现这种情况，则当日大盘容易出现大涨大跌的走势。一般以大涨居多。如图 6-8 所示，上证综指在早上开盘半小时内低幅波动，结果当日大盘大涨。其中原因大多是主力庄家在前期潜伏，蓄势待发，时机一到，立刻大幅度拉抬大盘走势。

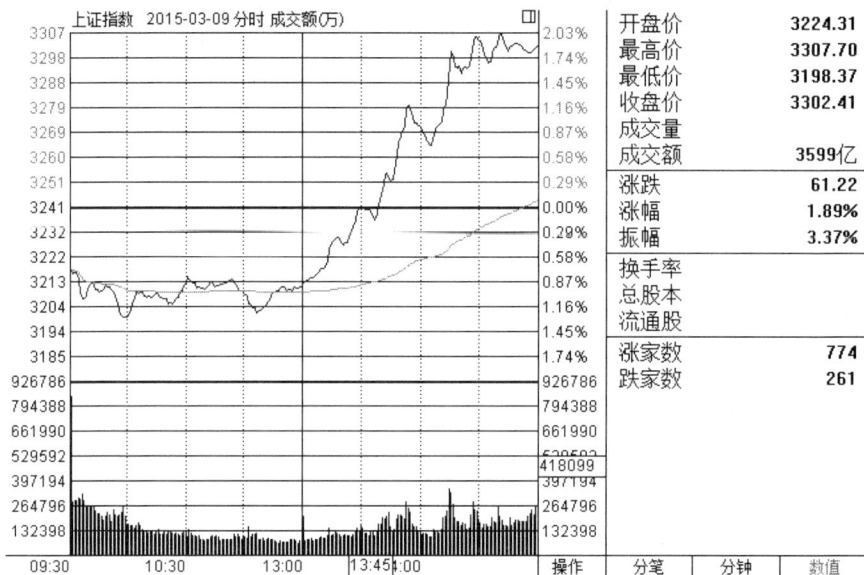

图 6-8 股指开盘后半小时内低幅波动

（2）有时早盘开盘后半小时内，股指波动幅度非常大，呈上蹿下跳的走势，则可以判断为当日大盘围绕开盘指数大幅振荡。如图 6-9 所示，上证综指在 2015 年 4 月 8 日早上开盘前半小时先一路滑低后蹿高，预示着当日大盘将大幅度非常不稳定。

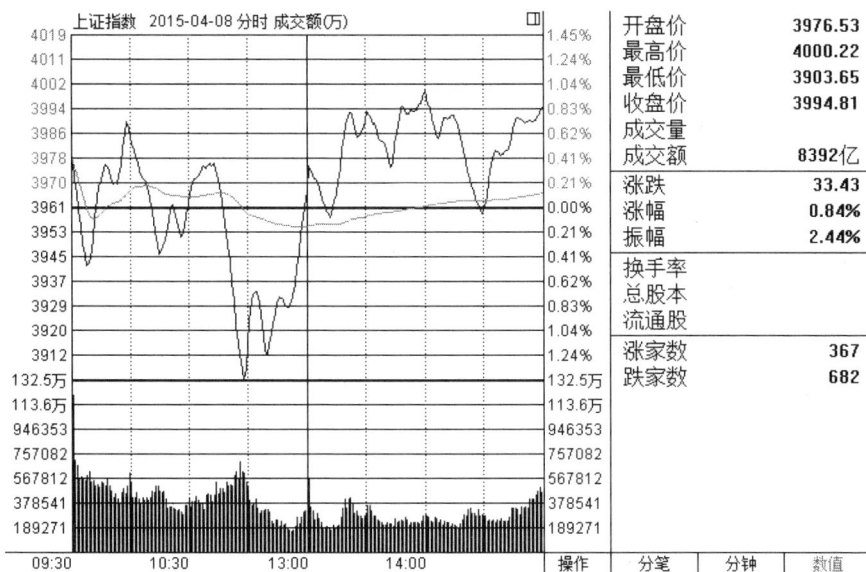

图 6-9　股指开盘后半小时内大幅震荡

二、运用分时图分析个股

分时图的走势成因往往有两个因素：一个是市场因素，即受大盘或板块的影响而发生变化；另一个是非市场因素，即受主力控制而发生变化。

无论是大盘还是个股，在进行分时图研究时都必须正确看待 13 个方面。这 13 个方面依次是：开盘价位、运行方向、升（跌）角度、运作时间、上升高度（下跌深度）、回调（反弹）幅度、波幅形状（频率）、最近高（低）位、最高（低）位、整数位、趋势（支撑）线、图形形态、均价线。同时，还要辅助看即时成交量和盘口买卖信息。

（1）开盘价位。在股票分时图的中间有一条较粗的水平线，它的左端显示的是个股昨日的收盘价格，右端显示的是 0.00%，这条线代表着昨日收盘价位置。看股票今日的开盘价位时，主要是看开盘价格是落在该水平线的上方还是下方，或者是否正好落在线上。

股价开在该水平线上方，意味着多头占主动优势，开得越高说明多头丰动上攻的意愿越强烈，但要防止主力制造的多头陷阱；股价开在该水平线下方，意味着空头占主动优势，开得越低说明空头主动打压的意愿越强烈，但要防止主力制造的空头陷阱；股价开在水平线附近，则意味着平开，是昨日收盘价的正常延续。此外，开盘价位和昨日收盘价处的水平线也会对后面的股价运行走势起到支撑或压力的作用。

开盘价	14.55
最高价	14.58
最低价	14.25
收盘价	14.32
成交量	560028
成交额	8.04亿
涨跌	-0.33
涨幅	-2.25%
振幅	2.25%
换手率	3.76%
总股本	15.1亿
流通股	14.9亿

图6-10　开盘价位跳空低开

如图6-10所示，为中国宝安公司在2014年12月16日的分时走势图，其15日的融资融券信息显示：融资余额2,862,661,708元，融资买入额440,826,262元，融券卖出量2,586,521股，融券余量568,904股，融券余额8,334,443元。结果，第二天空头对中国宝安进行抛售打压，直接跳空低开0.68个百分点。

（2）运行方向。自9:30分之后，不管有没有成交，股票就已经进入连续竞价的阶段了。此时，交易者应该密切注意股价的运行方向是向上、向下还是横向延伸；向上意味着股价在往上走，向下则意味着股价在往下走，横行则意味着股价正处于买卖双方的僵持状态。

（3）升（跌）角度。无论股票是上升还是下跌，总会有个角度的问题。

分时图的横坐标是时间，纵坐标是价格，所以角度反映价格的运行速度。在既定的时间内，如果股价升（跌）的速度快，角度自然就会加大。有的个股升（跌）得急促，有的个股升（跌）得缓慢，这些都可以通过角度直观地反映出来，这里面就透露出了多头（空头）的攻击决心和实力大小的问题，也就是涨（跌）力度的问题。有力的，就是大角度的，就是强势的，就是值得关注的。

（4）运作时间。股价涨（跌）多少的同时花了多少时间，是一个很敏感的问题，它直接反映了诸多投机者的心理状态。升（跌）多少价格时耗费了多少时间，说明了多头或空头攻击能力大小的问题；调整（反弹）多少价格时用去了多少时间，则反映了空头或多头反攻力度的问题。

在股价的运行时间上，总体来说在上午和下午的开收盘半小时和十点半份十点比较重要。分别介绍如下：

① 9：30 ～ 10：00 阶段，属于早盘阶段，极强势和极弱势的股票都会在此时集中表现；

② 10：30 分时点，因为这是停牌个股复牌的时间，复牌的个股在复牌公告的刺激或大盘的影响下，常常会突然发力，而该举动又会影响同板块个股，并由此产生联动效应；

③ 11：00 ～ 11：30 阶段，属于上午的尾盘阶段，很多有预见性的个股会在此时展开攻势，以图在下午的博弈中占据主动地位；

④ 13：00 ～ 13：30 阶段，这是下午的早盘阶段，也许是交易者在中午休息的时候进行了进、出场的思考，也许是中午有一些突发性的消息传出，该时段往往也是当天多、空双方激烈争夺的时间段；

⑤ 14：30 ～ 15：00 阶段，这是当天的收盘阶段，为使个股明天的走势符合自己的利益，或者主力终于开始透露本意，或者犹豫的交易者终于开始行动，或者有关明天的政策新闻隐约透露……该时段是一天最不安静的时段，尤其是最后一分钟的动作最为精彩。

（5）上升高度（下跌深度）。股价运行了一段时间后，自然就会在分时图上留下上升的高度或下跌的深度，可能这只是多、空双方第一回合的较量，但我们却可以看出这一回合的胜负战绩，即：到底是多头占主动性优势，还是空头占主动性优势。

在以价格为纵坐标的分时图上，升的高度和跌的深度就是价格的涨跌问题，它显示着目前交易者的输赢状况。升高了，获利盘可能就会马上抛出；跌狠了，抢筹码的可能马上就会出来。这种涨跌的转化一直会持续到收盘时才能分出胜负。

（6）回调（反弹）幅度。股价升高之后，或者会停顿下来积累力量后再继续前进，或者会停顿下来察看风向后掉头下行。这时，交易者就要看调整的深度问题了。一旦调整幅度太深，多头可能就会支撑不住，导致股价开始下坠。

小力度调整是强势股的表现，这种调整表示盘中做空的力度很虚弱，无力将股价打压下来，是一个好兆头；大力度调整则说明股价在升高后，马上遭受到空方的大力还击，说明空方的能量很大，应该引起重视；中力度调整介于这两者之间。但只要是股价出现调整而不是反转，说明多方总体上还是占有优势的。

（7）波幅形状（频率）。在分时图上不可能去数浪，但是不同的波幅形状却透露着不同的含义。波峰或波谷尖锐，说明对手反击的速度快，狼牙状的分时图就体现了对手快速的偷袭行为；波峰或波谷呈方形或圆形，说明双方对高（低）点曾达成了短暂的一致，城墙垛口状的分时图就说明了价格两极化的认同。

如图6-11所示，隆基机械分时图的波幅形状呈现出狼牙状的形态，而图6-12中金隅股份的分时图的波峰和波谷都比较平缓，买卖双方对价格的看法比较一致。

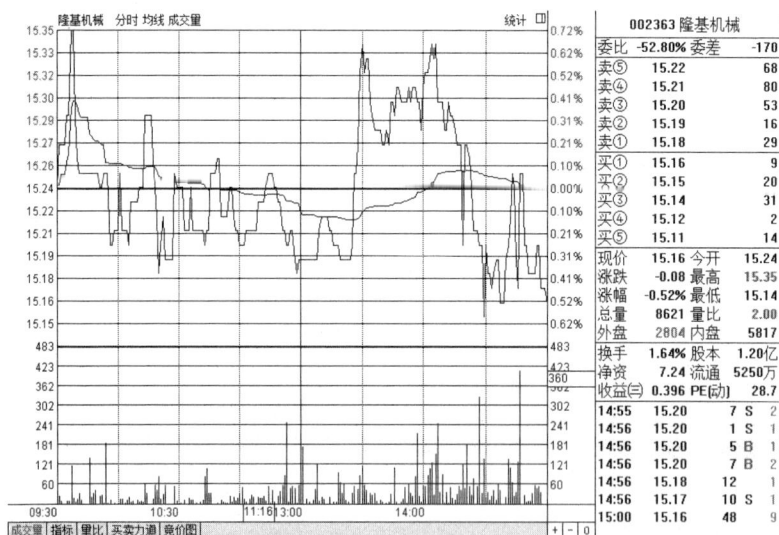

图6-11　分时图的波幅形状（1）

2.98%	买⑤	10.68
2.38%	卖④	10.67
1.79%	卖③	10.66
1.19%	卖②	10.65
0.60%	卖①	10.64
0.00%	买①	10.63
	买②	10.62
10.94	买③	10.61
	买④	10.60
1.19%	买⑤	10.59
1.79%	现价	10.63 今
2.38%	涨跌	-0.41 最
2.98%	涨幅	-3.71% 最
	总量	10.0万 量
3.57%	外盘	43681 内
5221	换手	3.17% 股
4568	净资	4.46 流
3915	收益(三)	0.548 PE
3263	14:59	10.63
2610	14:59	10.64
1958	14:59	10.64
1305	14:59	10.63
653	15:00	10.64

图 6-12 分时图的波幅形状（2）

（8）最近高（低）位。所谓最近高（低）位是指离当前股价最近的那个高（低）位在什么地方，这对于在分时图里连接趋势线或画压力线（支撑线）很有帮助。

（9）最高（低）位。所谓最高（低）位是指到目前为止，股价曾经运行的最高（低）位在什么地方，这对于在分时图里连接趋势线或画压力线（支撑线）也很有帮助。

（10）整数位。在一些重要的整数价位上，比如10.00元、20.00元等位置，往往也是股价重要的支撑位或阻力位，这是主力控盘战略意图的体现，也是普通交易者习惯性的买卖心理反映。

（11）趋势（支撑）线。如图6-13所示，当股价运行的高点和高点依次连接后，就会得出下降趋势线；当股价运行的低点和低点依次连接后，就会得出上升趋势线；还有高点与高点之间的所连成的阻力线，低点和低点之间所连成的支撑线，包括昨日收盘价水平线所构成的支撑线（压力线）等，都是基本技术分析原理在分时图上的应用，也都是交易者投机心理的一再反映。

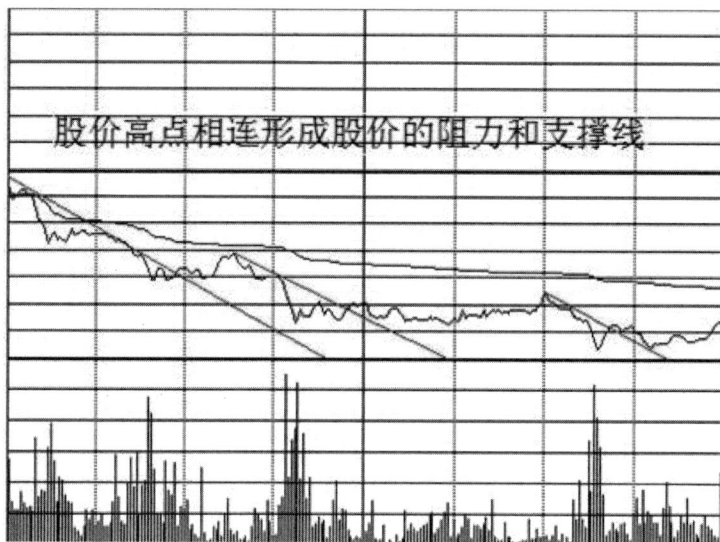

图 6-13　分时图的阻力支撑线

（12）图形形态。同趋势（支撑）线可以被运用到分时走势图上一样，K线里的价格形态分析也可以用在这里。例如头肩顶（底）、双重顶（底）、弧形底、V形反转、三角形整理等，在这里都有一些值得借鉴的地方。

（13）均价线。均价线其实就是股价在当日的移动平均线，它计算的是开盘后到目前为止的每一分钟内累计成交的平均价格。当股价持续在均价线以上运行时，表明市场预期良好，买盘踊跃，当天介入的大部分交易者都有账面利润，这是个股强势运行的特征；当股价持续在均价线以下运行时，表明市场预期较差，卖盘踊跃，当天介入的大部分交易者都在亏钱，这是个股弱势运行的特征；当均价线从低位持续上扬时，表明市场预期提高，交易者纷纷入场推进股价上涨，平均持仓成本不断抬高，对股价形成了支撑的作用；当均价线从高位持续下降时，表明市场预期较差，交易者纷纷离场迫使股价下跌，平均持仓成本不断下降，对股价形成了压制的作用。可见，均价线也具有同移动平均线一样的三大特征：

①支撑与压力作用。如图 6-14 所示，当股价回落到均价线附近时，往往会发生反弹；当股价上升到均价线附近时，往往会掉头向下；均价线一旦被突破，原来的支撑作用将转化为压力作用，原来的压力作用将转化为支撑作用；

均价线的支撑作用越明显，即意味着主流资金对股价的波动起着维持的作用；均价线的压力作用越明显，即意味着主流资金对股价的波动起着压制的作用。

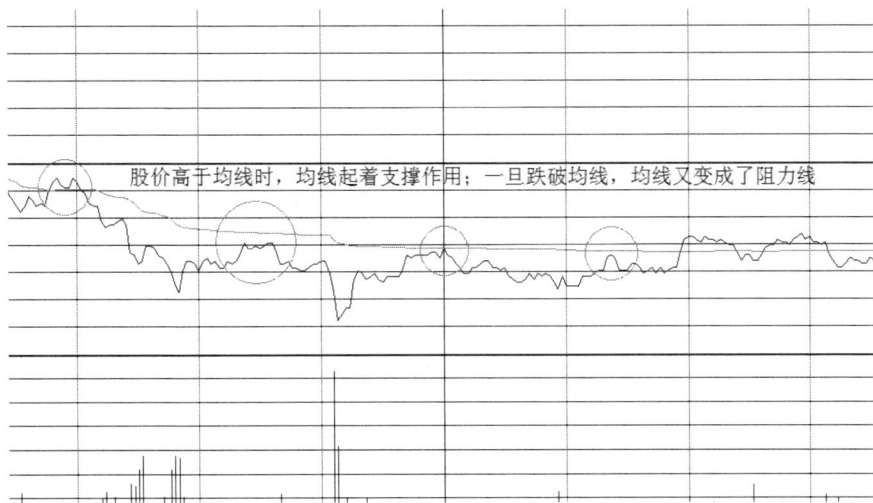

图6-14　分时价格均线的作用

②助涨与助跌作用。如果股价持续上涨，那么均价线将紧随着提高，说明介入者的持仓成本在不断上抬，交易者的追涨热情高涨，此为均价线的助涨性；如果股价下跌，那么均价线也将紧随着下降，说明介入者的持仓成本在不断下降，先入场的交易者均被套牢，于是后期的卖盘汹涌而出，买盘且战且退，此为均价线的助跌性。

③葛兰碧定律。移动平均线中的葛兰碧定律同样适用于均价线。

三、分时图的维度分析：回调、角度、波长、分时区间

分析股票的分时图，需要把握以下维度：

1.回调

（1）回调时间

①短时回调。回调时间远小于上涨时间，回调时间越短，再上涨力度、幅度越大。

②中时回调。回调时间接近上涨时间，这时要看量能是否再次充分放大。

③长时回调。回调时间远大于上涨时间，再次上涨可能性较小，庄家可能在顺势出货，或者庄家感到抛压沉重，难以继续拉高，通过振荡化解抛压。

（2）回调力度

①弱势回调。回调不足上涨波段的1／3，再次突破前高点可以介入。

②中度回调。回调至1／2左右，这时要看量能能否充分放大。

③强势回调。回调幅度超过1／2或彻底回落，很难再创新高，要坚决回避。

（3）回调量能

无量上涨和放量回调的形态要坚决回避。

①无量上涨。中线是主力控盘，短线是庄家出货完毕，抛压减少，主力追涨意愿不强，只有散户在玩。

②放量回调。主动性卖盘增多，抛压逐步加强，有出货迹象。

2. 角度

（1）上涨中继的角度分析

首先分析回调，回调有效时隋况下，下一步分析再次上涨的角度。再次上涨的角度越陡峭，说明拉升力度越强。再次上涨的角度可以分为：

①强势的再次上涨角度。经回调后，再次上涨角度远大于前次，这种形态比较容易涨停。

②平行的再次上涨角度。经回调后，再次上涨角度与前次平行，涨幅较大。

③弱势的再次上涨角度。经回调后，再次上涨角度远小于前次，上涨空间有限。

（2）反向的角度分析

首先分析回调，回调无效的情况下，回调变成了反转（如回调幅度大、回调时间长）。

①反向角度的大小直接冲击现行的上涨趋势，如果反向波过于陡峭，说明反向能力很强，这常常是趋势反转的前兆。

②如果回调波已经不满足中继上涨的分析，特别是回调角度过陡（比前波上涨的陡）、幅度过大（1／2以上）、回调时间长（超过前波上涨时间）以及量能不配合，基本可以判断是反转波了。

（3）极限角度

上涨极为陡峭，近90度。极限角度是分时中最后一波上涨，不成功则"玩完"。极限角度极为耗费资金，出现极限角度时往往分时中伴有大成交量。

①股价涨幅7%时出现极限角度，成交量最大，极有可能当天涨停。

②当极限角度过早出现时，同时成交量最大，一旦未能涨停，则难以再涨，勾头时一定要卖出。

3.波长

一般分时上涨波分为三段式上涨，每一段波长之间有延续性。如果再次上涨的角度相同，则三段波具有等长性；如果再次上涨的角度陡峭，量能跟上，则再次上涨波长是前段波长的1.318倍或1.618倍；如果再次上涨的角度较缓，量能减弱，则再次上涨波长是前段波长的0.318倍（1／3长）或0.618倍（2／3长）。

4.分时区间

将上涨、回调、上涨或反转的特殊点的分析，延伸到一天的分时图上，可以找到一种股价走势简洁的形态，便于分析与操作。

（1）原势区间

股价呈上升或下降趋势，此区间多为观望区间，不宜进行操作（上涨时不卖，下跌时不买）。

（2）转势区间

分时图中股价走势溢出原势区间，改变了上涨或下跌的斜率，此区间内股价既有按原趋势运行的可能，也有形成反转的可能，此区间是重要的决策区间。

（3）突破区间

分时图中，股价走势对转势区间进行突破，方向可以向上，也可以向下，此区间是最为重要的操作区间。

①在转势区间向上放量突破的第一时间买进。

②在转势区间向下突破的第一时间卖出。

③如果股价没有上涨或下跌，放弃操作该股。

四、分时图的最佳买入点

通过对分时图考察和分析，可以做出短线操作的决策。分时图的最佳买入点判断，有以下几种具有代表性的方法。

1.均线支撑

均线支撑，指均价线支撑着股价线不往下跌的走势，均线支撑分为接近式、相交式、跌破式三种。

接近式支撑，指股价线由上向下运行到均价线附近时就反弹上扬的走势。如图6-15所示，分时价格均线在开盘后一段时间内一直起着支撑作用，股价一回落到均线附近，就有立即向上拉升，因此，可以选择在股价回落的低点处买入。

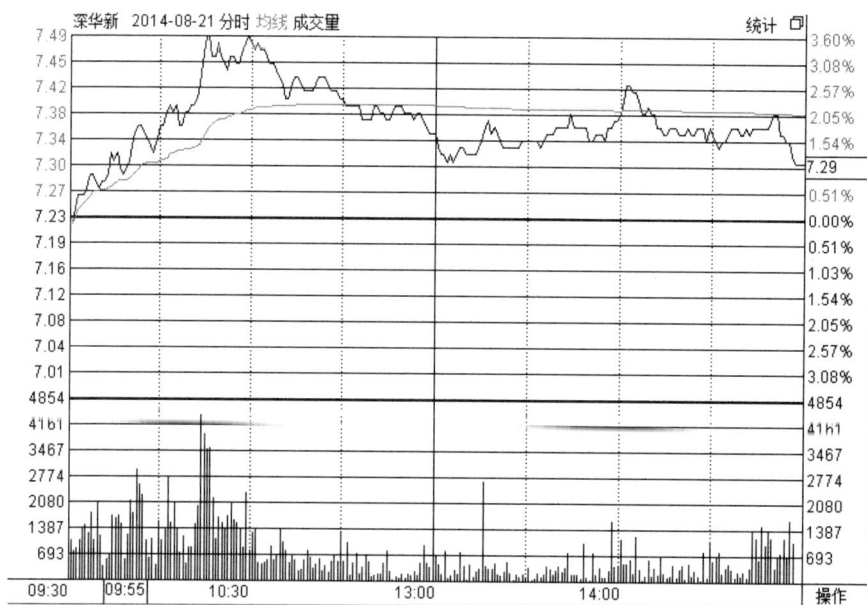

图6-15　接近式均线支撑

相交式支撑，指股价在均价线下方运行，然后与均价线相交上扬的走势。如图6-16所示，股价在均线下方向上运行与均线相交后，一直上涨，可以选择在相交处买入。

图 6-16 相交式均线支撑

跌破式支撑，指股价线向下跌破均价线后，在较短时间里，又被拉回均价线之上的走势。如图 6-17 所示，股价虽然跌破了均线水平，但是又迅速拉回均线并不断上扬，可以选择在跌破反弹时买入。

图 6-17 跌破式均线支撑

2. 向上突破平台

向上突破平台，指股价线向上突破前面横向整理期间形成的平台的一种走势。如图 6-18 所示，可选择在突破处买入。

有以下特征：

（1）股价线必须在某一价位做一较长时间的横向整理，走势时间一般不少于半小时。

（2）股价线应贴近均价线波动，波动的幅度较小，所形成的高点大体处在同一水平线上。

（3）均价线在整理期间基本是一条水平线，无明显的波折。

注意：防止假突破，设好止损点，第 2 天逃命。在一个交易天中，会出现多个"向上突破平台"的走势，第一个"向上突破平台"出现时，应该第一时间买入，第二个"向上突破平台"出现时，如果涨幅不大，也可买入，第三个"向上突破平台"出现时，应杜绝买入。

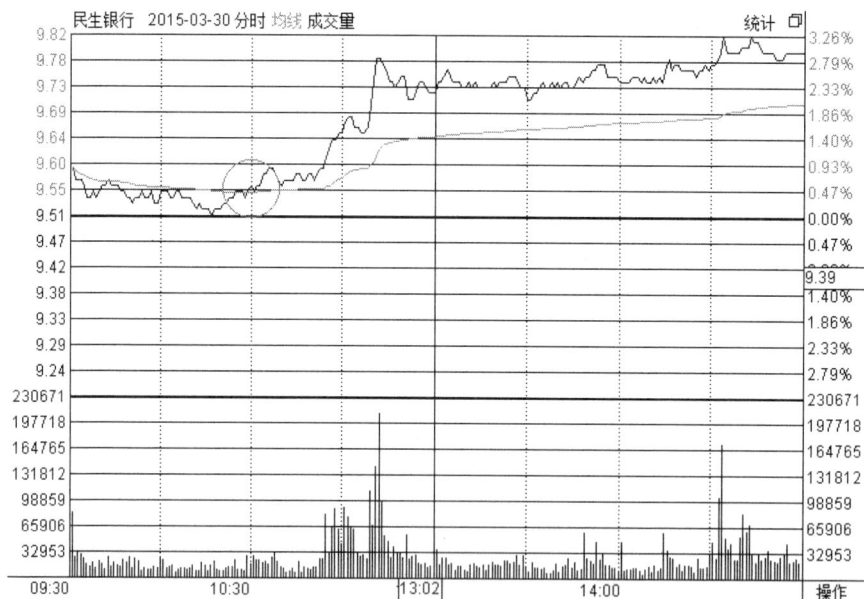

图 6-18　向上突破平台

3. 开盘急跌

开盘急跌，指股价大幅低开或是开盘后在较短的时间内下跌的幅度超过5%以上的走势。如图6-19所示，可以选择在转折处买入。

注意：

（1）不要把急跌的最低点当做是最佳买点，最佳买点应是最低点出现后股价线向上抬头时的价位（因位低价后还有低价）。

（2）开盘就跌停的股票，只要股质好，下跌放量，跌停又打开来，可以买进。

（3）有时会出现两次或多次低点，只要后面的低点没破低一次低点，就可持股。但要设好止损点（买入价的 4%~10% ）。

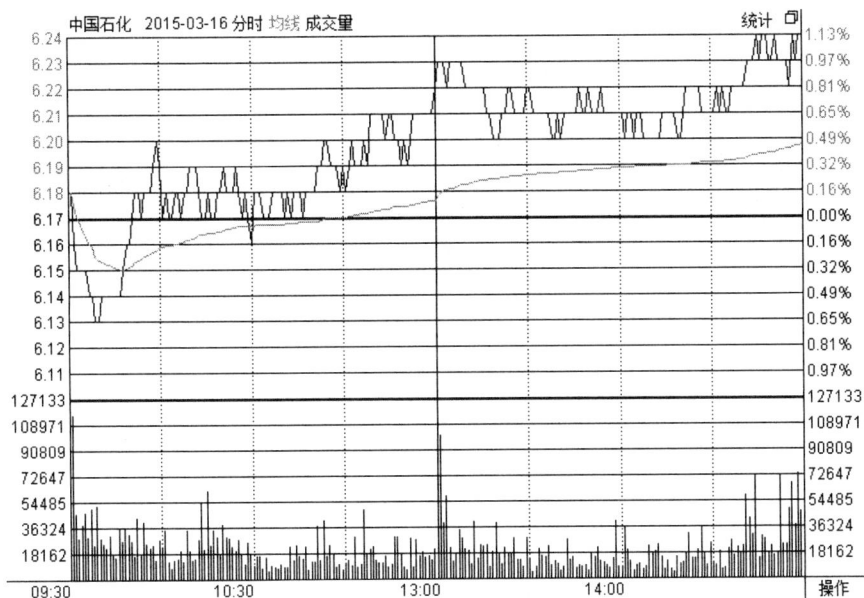

图6-19 开盘急跌

4.V 字尖底

V 字尖底—就是股价急跌，被快速拉起，股价线形成一个"V"形态。如图6-20所示，可以选择在尖底买入。

主要特征：

（1）该形态形成前，应是平开或低开，其后出现急跌的走势。

（2）该形态最低点的跌幅不能少于2%，低点停留的时间不能超过3分钟。

（3）该形态形成前，股价线应一直处在均价线之下所形成的尖低。

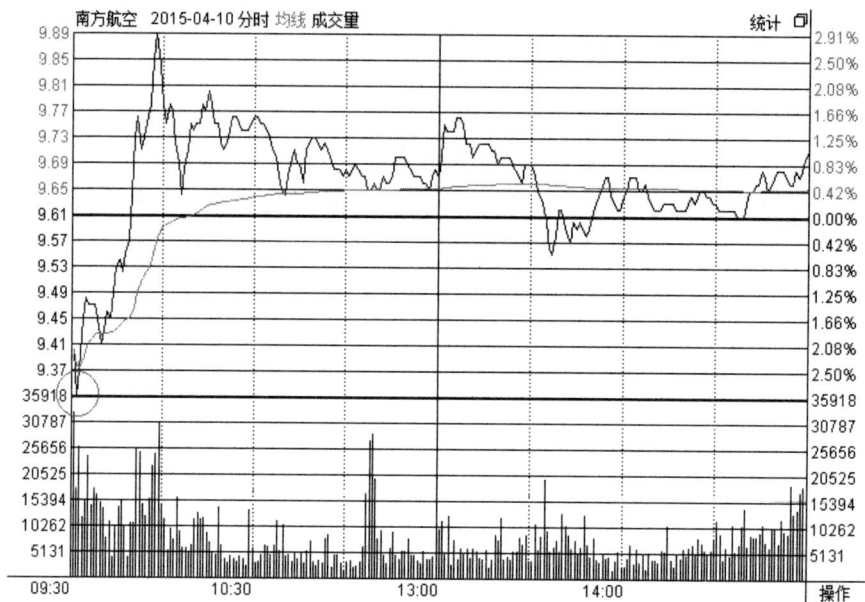

图6-20　Ｖ字尖底

这种情况要注意：

（1）该形态的底部低点，必须是负值，且下跌的幅度必须大于2%。（下跌的幅度越大，则收益就越大）。

（2）要注意该形态的股价线与均价线之间距离。理想的是股价线与均价线之间距离（乖离率必需大于0.5%。距离越大，则收益就越大。

5.双平底：

双平底—指股价经过一段下跌后，在低位出现了两个同值的低点，这两个低点，就叫双平底如图6-21所示。

特征：

（1）股价下跌的幅度较大，一般要大于2%。

（2）两底的底点应为同值（第2底略高与前底也可，但绝不能底于前底）。

（3）第2底出现后，股价线必须反转向上，且要超过均价线或"颈位线"，此时才可是"双平低"。

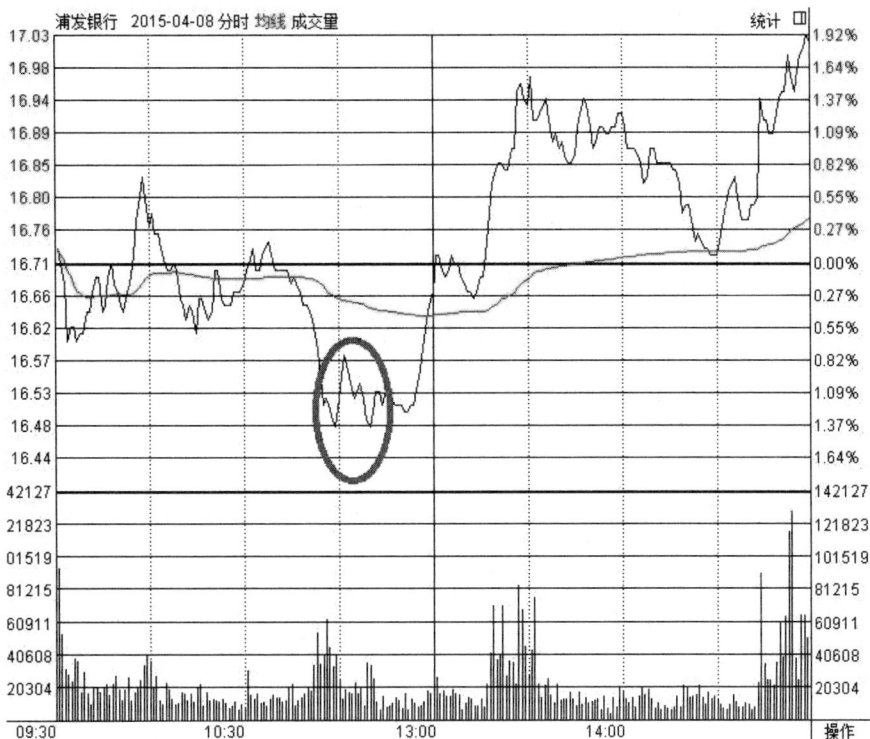

图6-21 双平底

在遇到双平底这种情况时要注意：

（1）双平底最价买点有两处。

①买点是第2底部出现后，股价线与均价线的交点。

②是股价线向上突破颈位线的位置。

（2）双平底形成时，股价线必须始终处在均价线之下，即第一底部与第二个底部之间的股价线，不能向上穿越均价线。也就是说，两个的低点及两底之间的颈线位高点，均只能处在均价线之下。

第七章

股价 K 线图

看盘离不开看 k 线，K 线是股市中最神秘莫测的基本组成，价量时空的信息基本上从 K 线中都可以发现。K 线本身是股价，K 线本身也可以是指数，K 线的变化必然是由于时间和成交量的变化所引起，K 线每天都不一样但实际又有章可循。这就是 K 线之神奇和神秘之处。学好数理化，走遍天下都不怕，弄懂 K 线图，金融领域你最牛！

一、K 线简述

1.K 线的绘制

K 线图源于日本,最初,日本米市的商人用 K 线图来记录米市的行情与价格波动,后因其细腻独到的标画方式而被引入到股市及期货市场。K 线图具有立体感强、直观、携带信息量大的特点,蕴涵着丰富的东方哲学思想,能充分显示股价趋势及买卖双方力量的变化,预测后市走向较准确,是各类传播媒介、电脑实时分析系统应用较多的技术分析手段。通过 K 线图,我们能够把每日或某一周期的市况表现完全记录下来。

日 K 线是根据股价(股票指数)一天的走势中形成的四个价位,即:开盘价、收盘价、最高价、最低价绘制而成的。

根据每支股票当日的开盘价、收盘价、最高价和最低价四项数据,可以将股价走势图画成 K 线图。图 7-1 所示为 2015 年 4 月 30 日平安银行(000001)的分时走势图,最后形成的 K 线图如图 7-2 所示。

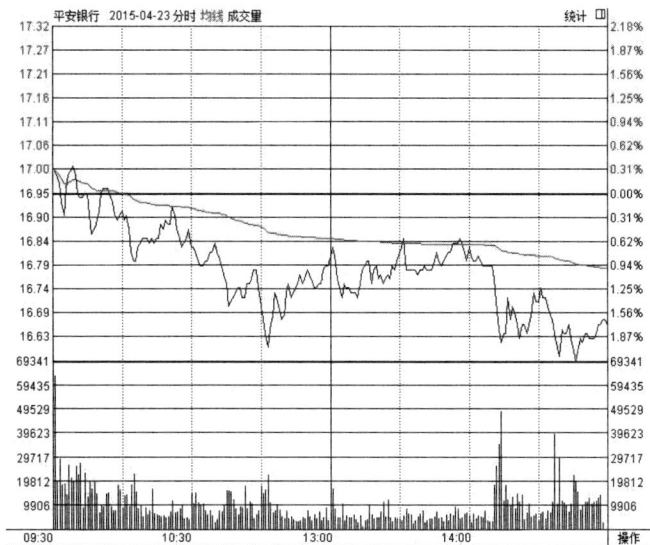

图 7-1　2015 年 4 月 23 日平安银行的分时走势图

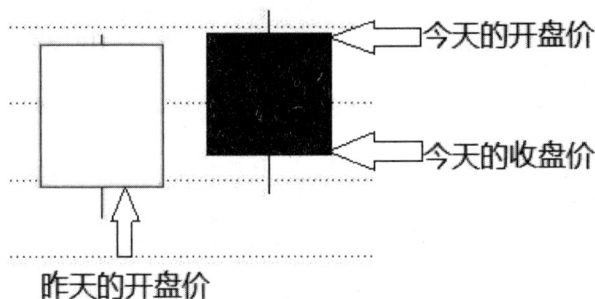

图 7-2 2015 年 4 月 23 日平安银行的 K 线图（红色 K 线图为前一天的 K 线）

根据 K 线的计算周期还可将其分为周 K 线、月 K 线等。

（1）周 K 线是指以周一的开盘价、周五的收盘价为 K 线的开盘价和收盘价，以全周最高价和全周最低价来画的 K 线图。

（2）月 K 线则以一个月的第一个交易日的开盘价、最后一个交易日的收盘价为 K 线的开盘价和收盘价，以全月最高价与全月最低价来画的 K 线图，同理可以推得年 K 线定义。

周 K 线、月 K 线常用于研判中期行情，但是由于指标选择周期较长，对短线行情的指导意义会减弱。

根据开盘价与收盘价的波动范围，可将 K 线分为极阴、极阳，小阴、小阳，中阴、中阳和大阴、大阳等线形。它们的波动范围通常为：极阴线和极阳线的波动范围在 0.5% 左右，小阴线和小阳线的波动范围一般在 0.5%~1.5% 之间；中阴线和中阳线的波动范围一般在 1.5%~3.5% 之间；大阴线和大阳线的波动范围在 3.5% 以上。

2.K 线分析的三大基点

（1）趋势定阴阳

正常的上升趋势中，最明显的特征是阳线数多于阴线数，这给我们寻找买卖点提供了第一个思路。股价上升趋势明确，其最佳入市时机便是可能出现少数阴线后迅速建仓；上升趋势中阳线多，阴线少，股价必然大涨小回，轮动前进。当然，此时小心主力故意布局出货。而其中可以进行细节分析的是，看它的总体走势，如价跌时成交量有没有放大，相应的是买盘还是卖盘等等。

（2）实体表决心

K 线的长短代表做多做空的内在动力强弱，其中实体的长短表示了多空双方对未来的信心大小。实体由短到长，说明一方力量的逐步加大。

（3）影线现转折

K 线除了实体部分外，其上下影线位置长度对于 K 线图分析也有莫大帮助。影线越长，说明上下的压力越大。影线短，转折的可能小，多空分歧小。上影线长说明上档抛压重，突破难，下影线长则说明下档实力雄厚，是股价上升的强大基石，同时只要确实下档多次买盘，数额巨大很显然是市场见底的信号。

长下影线若在低位出现，很可能是底部承接的标志，股价很可能反弹。而高位出现则有可能是主力出货，也可能是主力震仓，此事要特别小心辨别。而长上影线可能是主力的试盘或者洗盘行为，但若股价向下突破则有可能是市场力量的获利回吐。上影线若在高位出现，则情势危急，杀伤力极强，要特别小心。

总体而言，影线应先代表这一天震荡幅度，幅度越大，多空分歧越大，后市股价变化可能大，因为多空都对当前股价不认可。

每个交易日的 K 线连续不断地连接下去，就构成股票价格每一天交易情况的 K 线图，看起来一目了然。看见了 K 线图就会对过去和现在的股价走势有大致的了解。

二、看图识单根 K 线

我们接下来具体分析一下单根 K 线（也就是某只股票一天之内的 K 线图）的各种可能情形及其含义。

1.光头光脚阳（阴）线

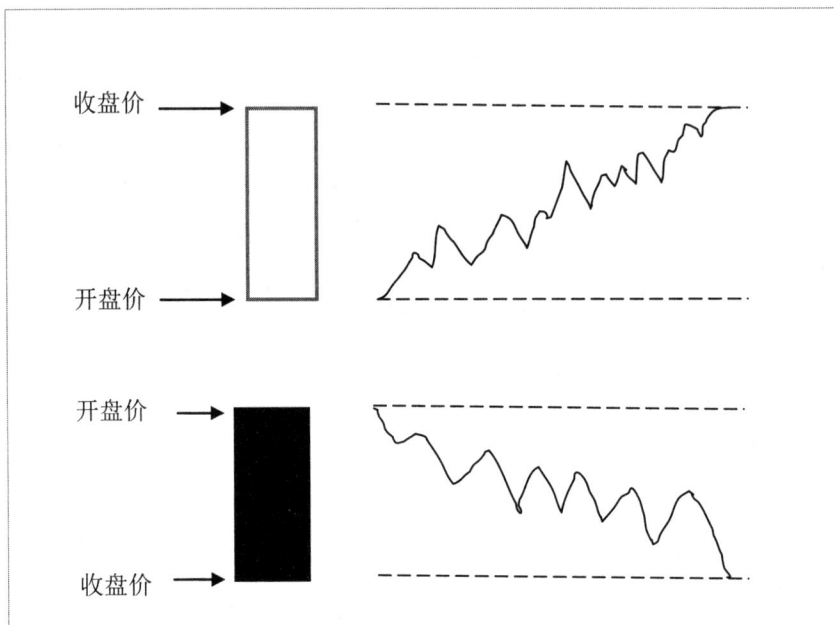

图7-3　光头光脚阳（阴）线及其开收盘价示意图

注：图中虚线为对应当日开盘价和收盘价的水平线，与股票软件分时图中间的那根粗横线（代表昨日收盘价位）不同，不要混淆。

K线右边绘出了对应的当日价格走势的大致情形，当然只要对中间部分的价格运行稍微做些改变就能画出无数种符合左边 K 线的价格走势图。如图7-3 所示，光头光脚 K 线没有上影线和下影线，也就是说当日所有的成交价格都在开盘价和收盘价的区间内部。对于阳线而言，开盘之后，成交的价格均高于开盘价，而且最后的收盘价是一天当中的最高成交价格。可以看出投资者很看好这支股票，买方力量较大，愿意不断地以高价买入。对于阴线，开盘之后，交易均在开盘价以下的价格成交，且最终的收盘价为当天的最低成交价格。显示投资者认为该只股票的价值在下降，持有者愿意以更低的价格出售手中的股票。上图右方为该种 K 线对应的股价当日的大概走势。

2. 光头阳（阴）线

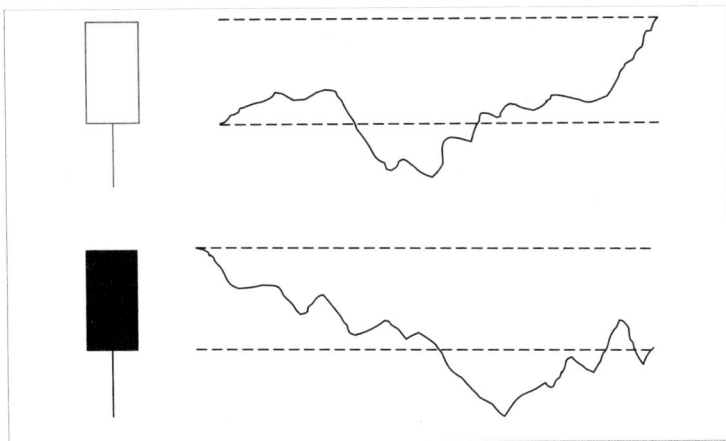

图 7-4　光头阳（阴）线及其开收盘价示意图

光头阳线，有些成交价低于开盘价，但是最终价格还是稳稳地上扬，并在高于开盘价的位置收盘，且收盘价为最高价。光头阴线，开盘后，成交价格一直低于开盘价，价格下探，但在后期，价格部分回升，不过还是在低于开盘的位置收盘，如图 7-4 所示。

3. 光脚阳（阴）线

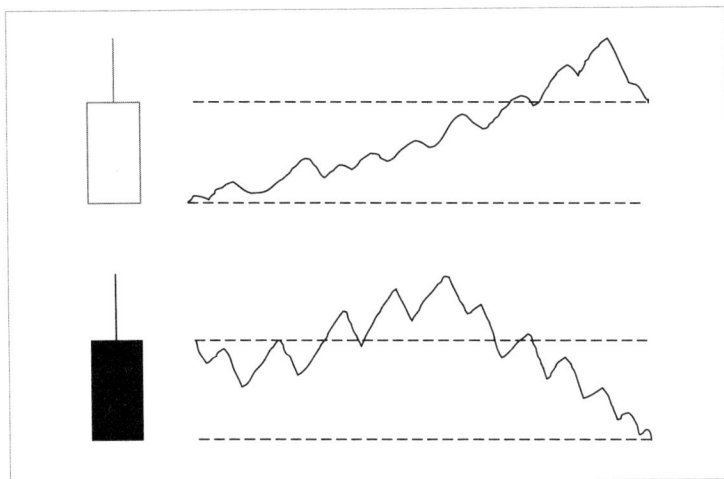

图 7-5　光脚阳（阴）线及其开收盘价示意图

光脚阳线，当日交易价格均高于开盘价，价格大体趋势是上升的，后期股价部分回落，收盘。光脚阴线，当日有些成交价格高于开盘价，但是后来股价还是跌至开盘价之下，收盘，如图7-5所示。

4.有头有脚阳（阴）线

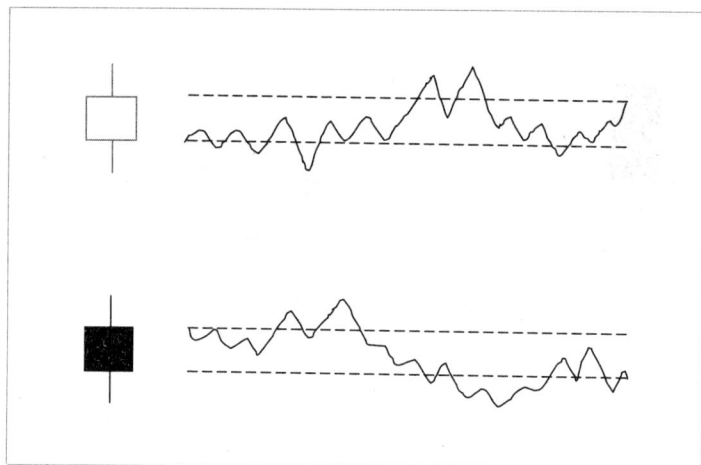

图7-6　有头有脚阳（阴）线及其开收盘价示意图

这种 K 线是最常见的，大多数的事都是这种有脚有头的 K 线。对于阳线，收盘价高于开盘价，且当日有些成交价格低于开盘价，有些成交价格高于收盘价。对于阴线来说，收盘价低于开盘价，有成交价格高于开盘价，也有成交价格低于收盘价。也就是说，当日股价走势不明朗，上扬一会儿，下降一会，最后的涨跌幅也往往较小，如图7-6所示。

5.十字 K 线

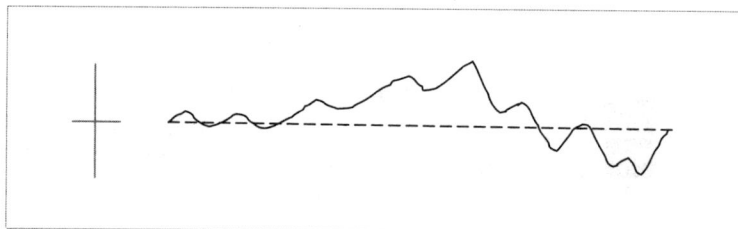

图7-7　十字 K 线及其开收盘价示意图

十字 K 线，最后的收盘价回归到开盘价的位置，形成一横，且上面下面都有成交价格，上下影线形成一竖。这种 K 线当日既不是阳线也不是阴线，一般会与前一天的收盘价来比较，从而决定是把它会成红色的还是黑色的，如图 7-7 所示。

6.T 字 K 线、倒 T 字 K 线

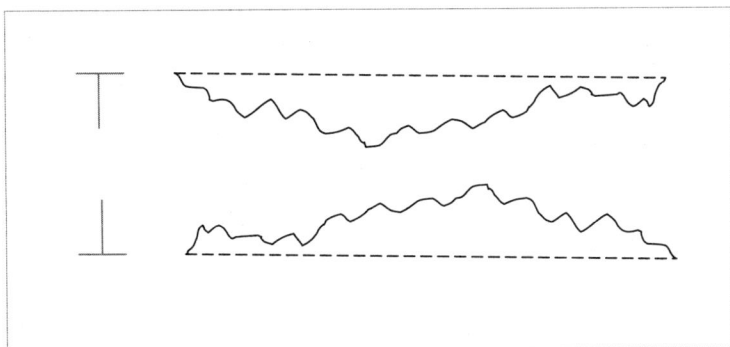

图 7-8　T 字与倒 T 字 K 线及其开收盘价示意图

T 字 K 线，收盘价回归到开盘价的位置，当日成交价格均低于这个价位。倒 T 字型 K 线，则相反，当日成交价格均高于开盘价和收盘价，如图 7-8 所示。

7. 一字 K 线

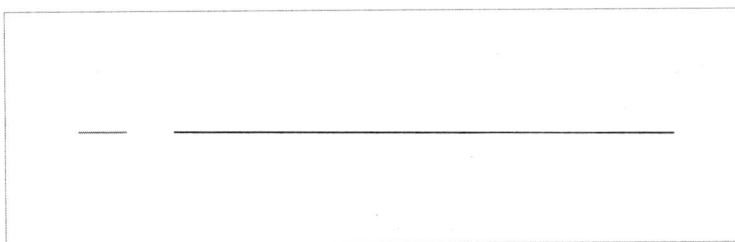

图 7-9　一字 K 线及其开收盘价示意图

注：图中虚线为对应当日开盘价和收盘价的水平线，与股票软件分时图中间的那根粗横线（代表昨日收盘价位）不同，不要混淆。

对于一字 K 线，开盘后，当日的所有成交价格都等于这个开盘价格，直

至收盘。当然，很有可能期间很大一部分时间交易量非常小甚至没有成交，没有成交发生的时候价格分时图就认为价格等于上次成交的价格，价格线为水平直线，如图 7-9 所示。

在什么样的情况况下才会出现当日的所有成交价格都等于一个开盘价呢？在一只股票有极大的利好消息时，开盘时价格就涨停，既相对于昨日收盘价上涨 10%，此时，大多数人会认为股价只是遇到了涨停限制，否则的话可能还要涨，就是说对这只股票的预期很好，持有者在这个价位或者低于这个价位的水平不太情愿出售，而想买的人由于涨停限制不能出更高的价格来让持有者心动，所以后期的交易量一般不会太大，只有少量的持有者可能愿意在这个价位就出售。对于利空消息，股票跌停的话，则是只有少量的投资者愿意在这个跌停价继续买进，高于这个跌停价就不愿意买进，想出售的人只有要价更低才可能出得了货，但是由于跌停限制，价格已经不能再往下降了。因此就形成了这样的一字型 K 线。

三、K 线缺口

1. 什么是 K 线图缺口

K 线缺口是指在 K 线图上没有发生交易的区域。如在股价上升趋势中，某天最低价高于前一日的最高价，就会在 K 线图上留下一段当时价格不能覆盖的缺口或空白，称之为向上跳空缺口；在股价下降趋势中，情况相反，称之为向下跳空缺口。向上跳空缺口表明市场趋势大步向上，向下跳空缺口表明市场趋势大步向下。

平安银行（000001）4 月 7 日公告称：2014 年年度权益分派方案为每 10 股派 1.740 元人民币现金（含税）转增 2 股。本次权益分派股权登记日为：2015 年 4 月 10 日，除权除息日为：2015 年 4 月 13 日。如图 7-10 所示，股价在 13 日那天跳空低开，开盘价低于昨日的最低价和收盘价，形成一个缺口。随后，股价下降，形成一个阴线。

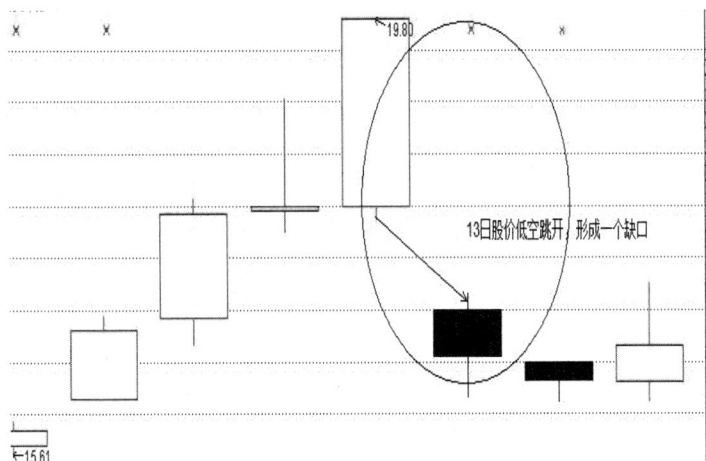

图 7-10　K 线缺口

　　一般谈到的缺口是在日 K 线图上的反映，但缺口更频繁的是出现在分钟 K 线图上。当然，也会出现在周 K 线图和月 K 线图上，只是时间的周期越长，缺口就越不易表现出来。但是在周期长的 K 线图上，缺口一旦表现出来了，其意义就更加重大，也越有利于长期趋势的判断。有些时候，日内分钟 K 线图上（如 30 分钟 K 线图）的缺口往往比日间缺口更重要：它们的出现，才带动了日内重要趋势线的突破，形成了重要的价格形态，并造就了中期趋势的持续或反转。因此，日内分钟 K 线图里的缺口也是交易者应关注的对象。但是要记住一点：过于频繁的缺口出现，会降低缺口的有效性。

2.K 线缺口的类型

　　（1）普通缺口

　　普通缺口常发生在股票交易量很小的情况下，或者是在股价做横向盘整运动的中间阶段，或者是在诸多价格形态的内部。发生原因往往是市场参与者毫无兴趣，市场交易清淡，相对较小的成交量便足以导致价格跳空。一般而言，普通缺口可忽略不计。

　　（2）突破缺口

　　突破缺口通常发生在重要的价格区间，如在股价横向整理到需要一举突破支撑线（或阻力线）的时候，或者是在头肩顶（底）形成之后股价需要对颈线进行突破之时，或者是在股价对重要趋势线或移动平均线进行跨越式突破的时候，就常常会出现跳空缺口。它反映着市场交易者的一致思维和意愿，也预示着后市的价格运动会更大、更快。

由于突破缺口是在突破重要价格区间发生的，所以此处不看好突破的抛盘将全部被吃掉，而看好突破的抛盘则高价待售（上升突破时），因此买盘不得不高价成交，由此形成向上的跳空缺口（这里常常伴随着较大的交易量）。这种重要区域的价格突破一旦成功，其跳空缺口往往不易被完全封闭（指价格又回到了突破之前）。如果该缺口马上被完全封闭，价格重新回到了缺口下方，那么说明原先的价格突破并不成立。

（3）持续缺口

在突破缺口发生之后，如果市场前进趋势依然明显，一方推动热情高涨，那么价格会再度跳跃前进，再次形成一个跳空缺口或一系列跳空缺口，这种缺口称之为持续缺口。此类缺口常常是伴随着中等的交易量完成的，它说明趋势发展顺利。在上升趋势中，持续缺口的出现表明市场坚挺；在下降趋势中，则显示市场疲软。如同突破缺口一样，持续缺口点将成为此后市场调整中的支撑区，它们通常也不会马上被封闭。如果价格重新回到持续缺口之下，则对原有趋势不利。

四、K 线组合买入信号

合理价位买入，赢利就成功了一半，所以要把握买入的窍门，以下介绍一下 K 线图的底部买入信号和上升途中的买入信号。

1. 底部买入信号

（1）开盘秃阳线

如图 7-11 所示，开盘秃阳线表示在开盘后，买方发动的攻势较强，卖方难以阻挡，因此股价一路上升；但在收盘前，股价受卖方打压，价格开始回落。

一只股票经过深度回调，并在低价位横盘数日，同时如果某日出现了开盘秃阳线，则说明股价已经见底，后市将会有一段时间的回涨。如果第二天继续收阳，就是介入的最佳时机。

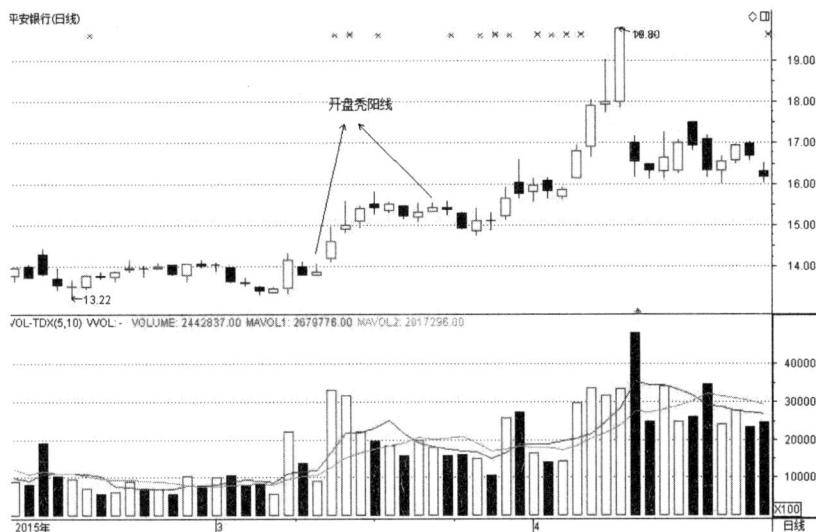

图 7-11 开盘秃阳线

低价位或箱形整理开盘秃阳线是一个强烈的买入信号，但是需要注意的是，要结合其他指标判断，此阳线若确实出现在底部，同时阳线不易过长，第二天若继续收小阳，则可大胆介入；若收阴，则应继续观望。

（2）三川破晓明星线

"三川破晓明星"线指股价经过深幅调整后在低价位出现一条大阴线，而次日，向下跳空收出一条小 K 线（阴线阳线均可），在三日内将该向下跳空缺口补去并拉出中阳线。该线的出现表示重要的阶段性底部显现，这是强烈的见底信号，可抓紧买入。

图 7-12 为平安银行（000001）于 2014 年 10 月 24 日（周五）至 10 月 28 日（周二）走出的三川破晓明星图。

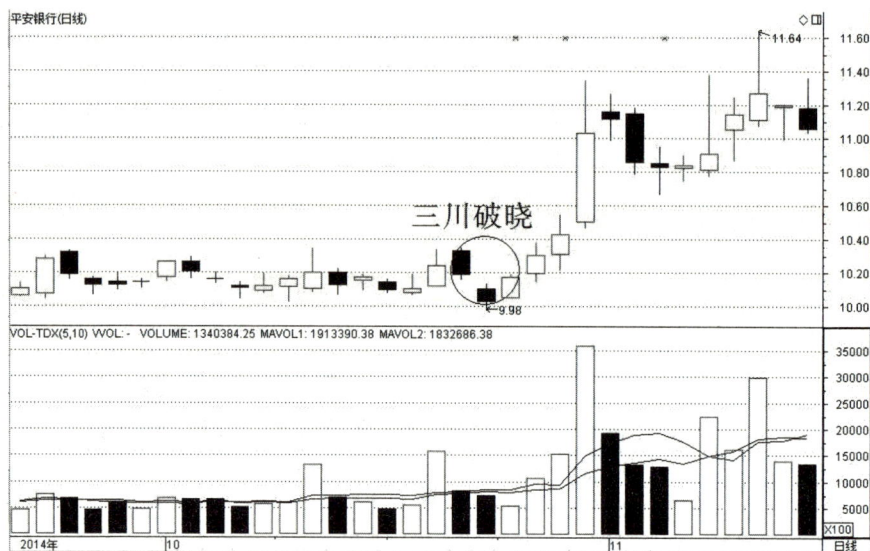

图 7-12 三川破晓明星图

（3）低价位抱线

在一段持续的下跌后，某日出现一条短小的 K 线，次日出现一条长大的
K 线（阴线或阳线），形成包容状态，这样的 K 图称为低价位抱线。低价位
抱线表明在持续的下跌后，出现的小 K 线表示下跌力量减弱；随后出现的大
K 线表示买方力量加强，形式利于多方。此图不论是阳抱阴，还是阴抱阳，还
是阳抱阳，或者阴抱阴都是买入信号。

图 7-13 为华赛（000068）2014 年 11 月 11 日—12 日的 K 线图，是典
型的低价位抱线。

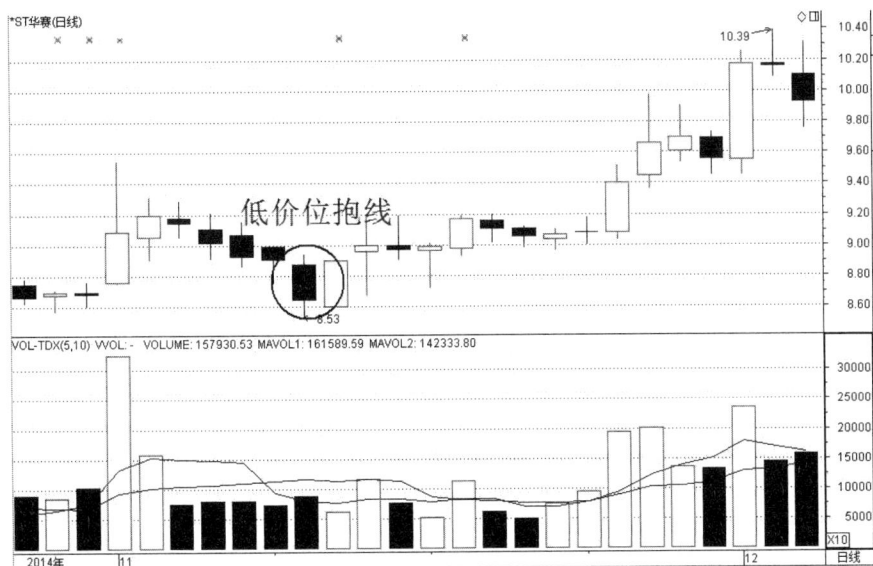

图 7-13 低价位抱线

　　低价位抱线一般是比较准确的买入信号，尤其是"异性相抱"，即阴抱阳或者阳抱阴更加准确。低价位抱线的周抱线比日抱线更加准确，基本可以放心地买入了。而下降途中的阴抱阴抱线，一般是反弹信号，最好不要介入，如果想介入，那么需要做到"眼疾手快"。

　　（4）低价位孕线

　　低价位孕线是指经过一连串的阴跌或整理之后出现了一个大 K 线（阳、阴），而次日又出现了一个短小的 K 线，其上下的幅度都没有超过前一个交易日的幅度，这样的情况，我们就称之为低价位孕线。低价位孕线分"阳孕阴"、"阴孕阳"、"阴孕阴"、"阳孕阳"、"十字星孕线"等形态。在低价区，上述形态均为买入信号。

　　图 7-14 为深圳机场（000089）的 2015 年 1 月 19 日—20 日的 K 线图，是标准的低位阳孕阴线，我们可以看到信号发出之后的股价，在经历了一小段整理之后，向上涨幅惊人。

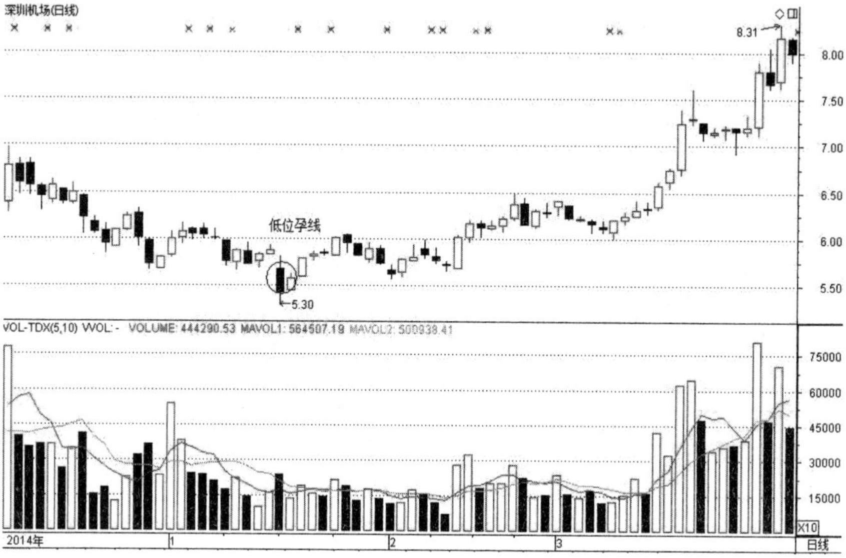

图 7-14　低位孕线

（5）底部三鸦

底部三鸦是三条阴线组成的倒"山"形图形，如图 7-15 所示。

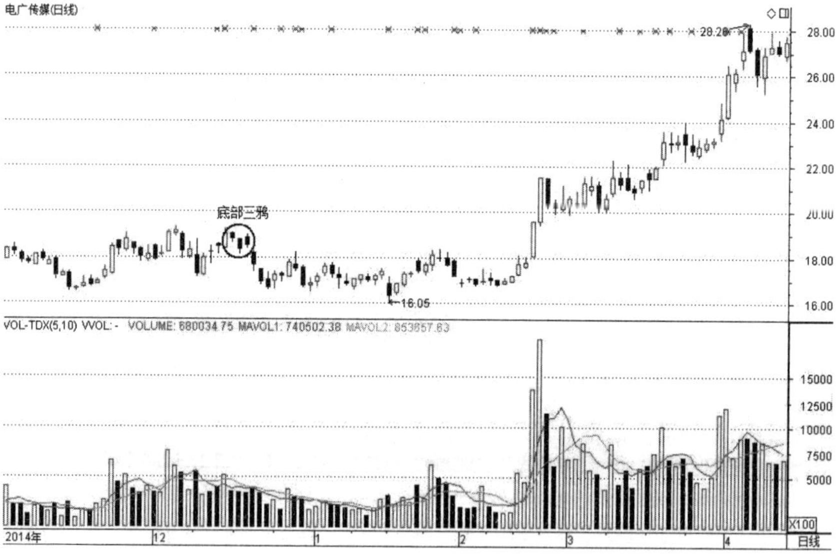

图 7-15　底部三鸦

底部三鸦多出现在股价深跌后的低位，是典型的见底买入信号，可放心做多。该图有时也出现在其他位置，但没有实际意义，可不予理会。底部三鸦有如下三个形态特征：

①三条图线由中阴线构成，实体长度不可差别太大。

②该形态的第二条图线一般平开，低开更好，如留有较长的下影线，其见底的有效性更高。

③第三条图线一般是向上跳空高开，高开的幅度应与前两条阴线实体的长度相当，略小也可，但不宜太小，收盘价最好是收在第二条线的开盘价之上，如果第三条线的收盘价收到第二条线的实体内较下的地方，则不能按底部三鸦的图线操作。

对于该种图形，有以下几点还需要注意：

①底部三鸦形态完全符合前面说的三大特征是不多见的，所以底部三鸦形态不能像其他的图线那样要求"达标"，只要是相似或近似即可。这些相似的形态与标准形态的底部三鸦所显示的信号同样可信，应放心操作。

②后市能否获利的关键就是要认真分析底部三鸦形态是否处在低位。判断是否处在低位，一般的办法是观察该股前段下跌的幅度，若前段下跌的幅度超过 30%，就可视为处在"低位"，即使不是底部，但股价下跌了 30% 后，绝大多数的股票会出现一次较大的反弹，抓住了这次反弹，所得到的收益也会令人满意。

③底部三鸦形态中的第二条阴线，如果带有较长的下影线时，则应放心大胆做多。因为长下影线本来就是一个可信的见底信号（即下浮底部线），这两种见底信号的叠加，显示见底更加有力，操作起来更令人放心。

（6）红三兵

经过较长时间整理之后，多方积蓄了足够上升的能量，伴随着成交量的均匀放大，盘面出现连续上升的三根小阳线，使股价突破盘局开始上升。这三根小阳线称为红三兵，它的出现预示着后市大幅上升的可能性很大。如图 7-16 所示，金浦钛业（000545）于 2015 年 2 月 13 日（周五）至 17 日（周一）形成红三兵走势。

红三兵有如下三个特征：

①三条阳线应为中小阳线，三条阳线的实体不可相差太大。

②第二条阳线和第三条阳线要分别在前一条阳线实体的中心值之上开盘。

③第三条阳线必须在第二条阳线的最高价之上收盘。

图 7-16 非标准型的红三兵

对于红三兵，以下几点需要注意：

①红三兵出现的频率很高，但符合条件的则相当少。标准的红三兵，必须符合上述提到的三个特征，不符合特征的三条阳线，均不能按红三兵形态进行操作。

②处在高位的红三兵，要注意获利了结，更不能把它当成上升途中的红三兵而买进。

③红三兵可在任何位置出现，只有在低位和上升途中出现的红三兵，才是可信的买入信号。

2. 上升途中的买入信号

（1）平台突破型

平台突破型即突破上升平台，是上升途中的介入良机。这样的股票 K 线形态主要特征如图 7-17 所示：

①股价连续涨升。

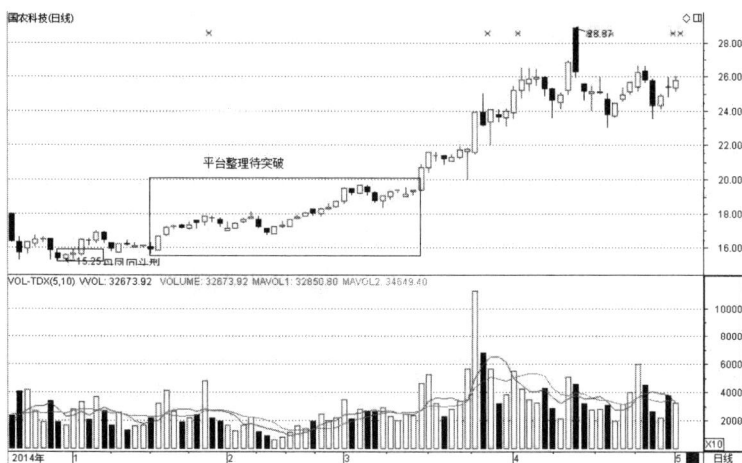

图 7-17　平台突破型

②几天后股价在一个阶段性高位横盘整理。

③突破平台的标准应该是适度放量，同时上升幅度超过 3%。

（2）阳光灿烂型

阳光灿烂型往往表示主力做多的坚定信念，主要表现为连续多根大或中阳线的组合，尤其是连续并列的阳线，更加表现了上升势头的猛烈。

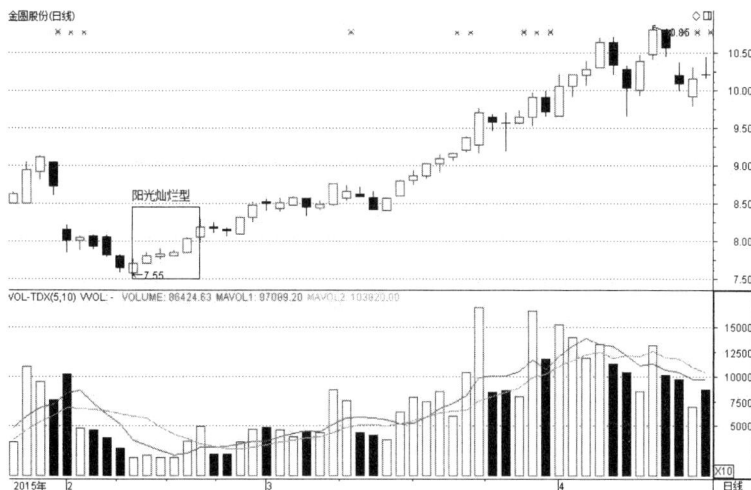

图 7-18　阳光灿烂型

如图 7-18 所示，金圆股份（000546）在长期整理之后，于 2015 年 2 月份时做多行情变得十分坚定，形成一片阳光灿烂的局面。这种股票多为大盘蓝筹股，跟随大盘指数的上涨而上涨，并且有超越指数的潜质。

（3）金星闪烁型

股价上升途中出现一条大阳线，随后出现两到三颗星形线或者十字星线。然后，又在市场的犹豫中突然收起一条令人疑惑的阳线，其收盘价高于或接近星形线的最高价，此形态出现后，该股将要有一波急拉行情。

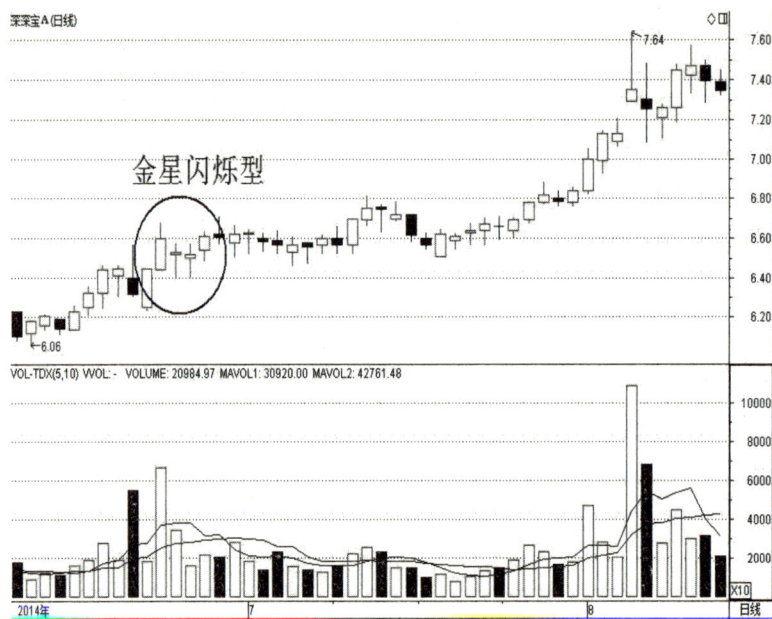

图 7-19　金星闪烁型

如图 7-19 所示，深深宝（000019）于 2014 年 6 月 23 日在一个长阳之后连续形成 2 个十字星线，之后继续拉阳线，可以确认多头势力强盛，要果断买入或继续持股待涨。

（4）丹凤回头型

丹凤回头型往往在操盘时有一定的随机性，与大势的配合较为明显。股价在上升途中多出现一些插入线和斩回线。但出现一条阴线后往往能够在下一个交易日收一条向下跳低开盘的阳线，其收盘价格进入到前阴线实体中心值的附近，有的还能够收到上方，这说明多头力量依然强劲，主力控盘力量没有减弱。这样的形态依然是买入良机。

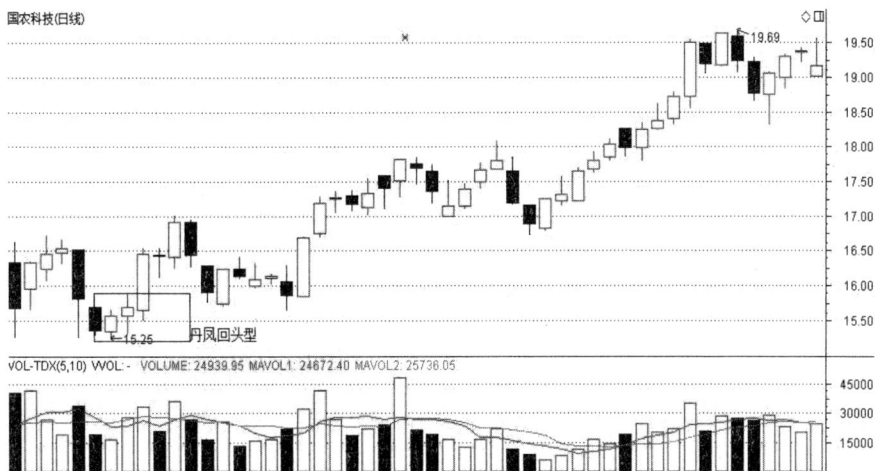

图 7-20　丹凤回头型

如图 7-20 所示，以国农科技（000004）为例，在 2014 年 12 月 29 日前后出现两天的回调，但是随即被三根阳线收复失地，从此可以看出多头力量仍然强大。但是此种形态如果连续出现两次以上就要警惕变盘的可能，尤其在放量比较大以后，则应及时出场。

五、K 线组合卖出信号

把握好股票买入的窍门还是不够的，买好还要卖好，这样才能真正的把账面上的数字变成现实中的财富。因而，股民朋友们也要好好学习卖出的窍门，以下我们讲解一些常见的 K 线图卖出信号。

1.乌云线

乌云线也称覆盖线，由一条阳线和一条阴线组成，阴线在阳线收盘价之上开盘，在阳线实体内收盘，形成乌云盖顶之势，具体图形如图 7-21 所示。

行情连续数天扬升之后，隔日高开。随后买盘不愿追高，大势持续滑落，收盘价跌至前一日阳线之内。这是超买之后所形成的卖压涌现，获利了结盘大量抛出之故，将下跌。乌云线可在走势图中的任何位置出现，但只有出现在高位和上升途中或下降途中的乌云线才具有研究价值。处在高位或下降途中的乌云线，所显示的是卖出信号。在横向盘整行情中出现的乌云线，属于一般波动，不能作为操作的依据。

图 7-21　乌云压顶型

关于乌云线，有以下几点需要注意：

（1）高位乌云线是比较强烈的卖出信号，当出现此信号时，应坚决卖出股票，不能有丝毫的犹豫。

（2）下降途中的乌云线，也是很强的卖出信号，也应像对待高位乌云线一样，及时卖出，以免越套越深，不能自拔。

（3）千万别把上升途中的乌云线当成高位乌云线进行了卖出操作。但不要贪多，有了赢利，就应了结。

2. 挽袖线

挽袖线是由一阴一阳两条 K 线组成的图形，有如下两种形态：

（1）第一条 K 线为阳线，第二条 K 线为阴线，且阴线在前阳线的实体内开盘，在前一条线的最低价之下收盘，如图 7-22 所示。

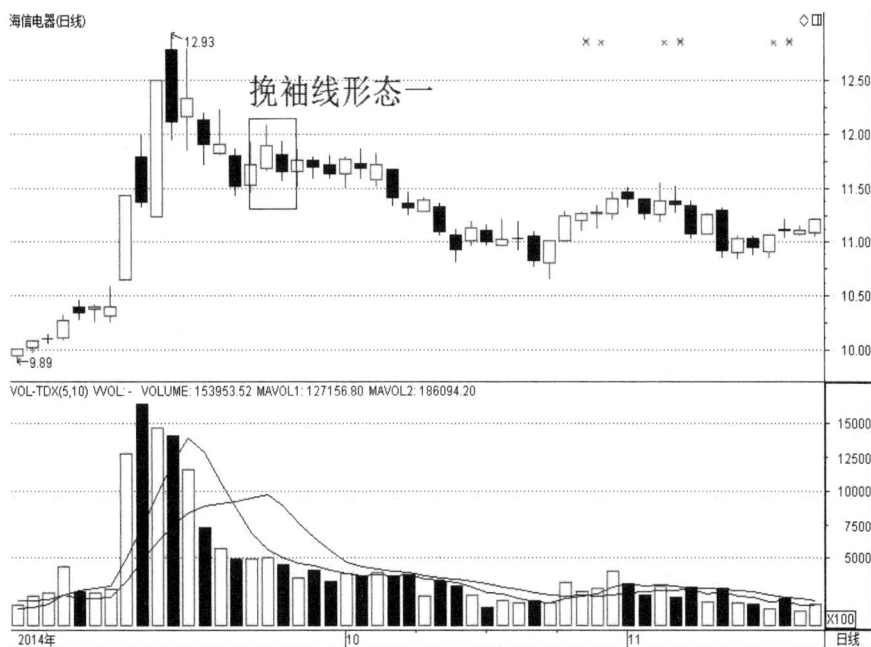

图 7-22 挽袖线（第一种形态）

（2）第一条 K 线为阴线，第二条 K 线为阳线，阳线在前阴线的实体内开盘，在前阴线的最高价之上收盘，如图 7-23 所示。

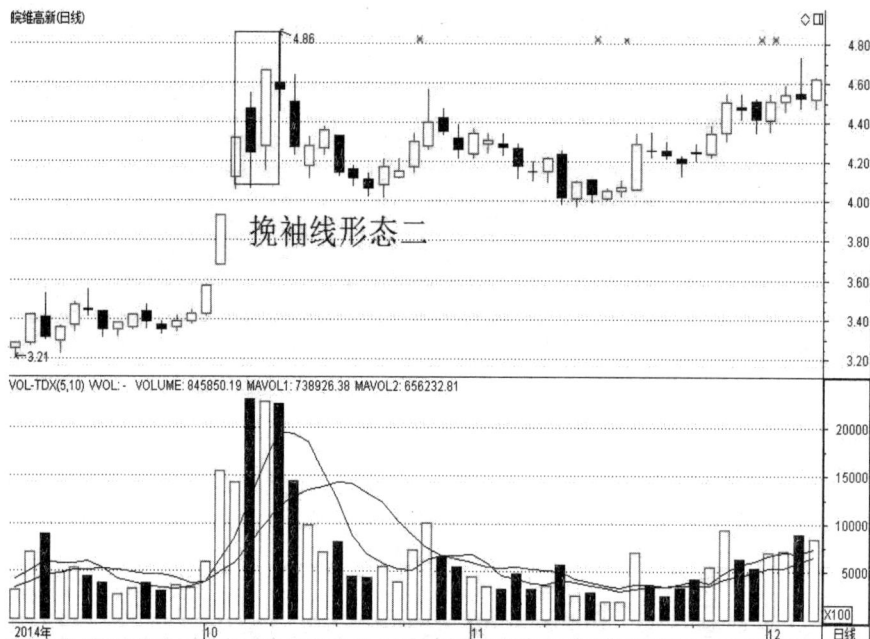

图 7-23　挽袖线（第二种形态）

挽袖线可在走势图中任何位置出现，处在高位（包括大天顶高位和上升行情的波段峰顶高位）和下降途中的挽袖线，均为卖出信号。如果在上涨过程中，也不排除可能是买入信号，尤其是第二天的强势阳线配合成交量可能将股价推向小高峰。

按照处在天顶高位处挽袖线卖出股票后，应远离股市，等待股价调整到位后才可重新买入。但在波段顶部卖出股票后，须时时关注后市的走势，一旦调整到位，应及时买回，迎接下一波的升势。

3. 向上空跳星形线

向上空跳星形线是由一根中阳线或长阳线，与一根跳空高开的小阴星或者小阳星组成。具体如图 7-24 所示。

向上空跳星形线具有如下三大特征：

（1）在该组合出现前应该有至少 10% 的阶段上涨幅度，换句话说就是该星形线处于阶段高位。

（2）该形态的前一条图线必须是一条大阳线，当日升幅至少在2%以上。

（3）第二根星形线必须于第一根阳线在实体之间，有向上跳空缺口。

向上空跳星形线是典型的见顶信号，该形态出现后，行情一般会出现一段下跌走势，应及时卖出股票，以免高位套牢。

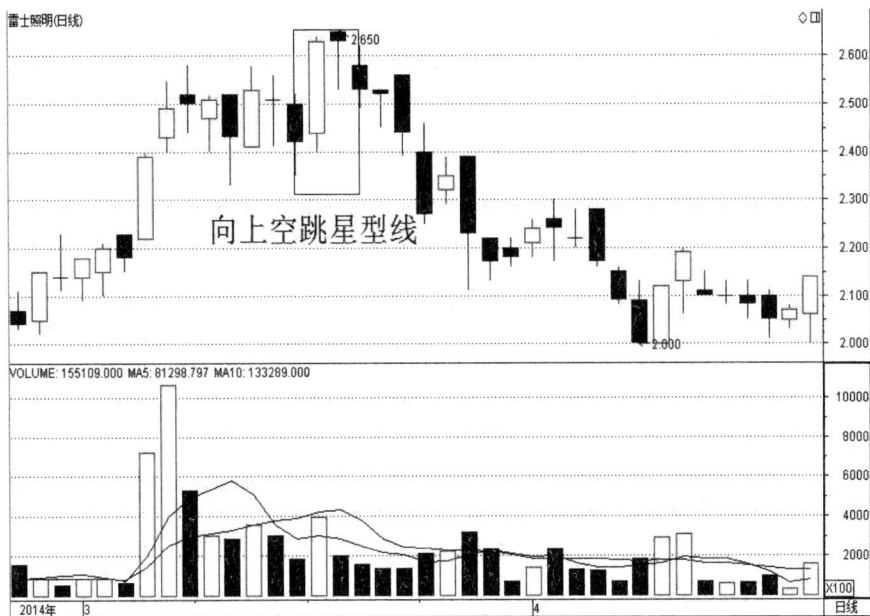

图 7-24　向上空跳星形线

图 7-24 为雷士照明（02222）2014 年 1 月 28 日之后 K 线走势图，由图可以看出，该股在 3 月 18 日走出了一个比较典型的向上空跳星形线，验证了以上观点。

向上空跳星形线出现后，有的股票仅收一条阴线就反弹收阳线，在星形线出现的当日没来得及卖出股票的股票持有者，应该趁反弹之机果断卖出，如果再失去这次卖出机会，就会使到手的赢利至少要损失 10% 以上，投资者应格外珍惜这一可贵的卖出机会，不能存有等待反弹的思想。

向上空跳星形线的最佳卖出时间就是星形线出现的当天，一旦发现股价向上跳空高开，同时出现大成交量，股价先是暴涨，然后下跌的走势时，就可认定是向上空跳星形线的形成，此时就应全部卖出手中的获利筹码。为了能顺利卖出，报价应低于市价 1~2 个价位。获利丰厚的投资者，还可挂出更低的卖出价格。

向上空跳星形线出现后，股价下跌的幅度一般会达到前期升幅的 80%，甚至 100%，即跌回到原起涨点价位。股价跌回到原起涨点价位后，先前卖出的投资者，此时可酌情抄底抢反弹，但出手不要太大，只能做试探性买入，因为股价跌回到原位后，并不意味着就不再下跌了，有时仅在原位虚晃一抢，就破位下行，若是一次进多了货，即使及时进行了"止损"，其损失也是令人难以接受的。

4.高档横盘中跳大阴线

股价在高档横盘整理后忽然大幅向下跳空低开，股价跌落至其横盘区域收市，形成高位的大阴线。此时，应果断卖出，因为其后，股价再无力向上，最后只能向下突破，展开一段下跌行情，如图 7-25 所示。

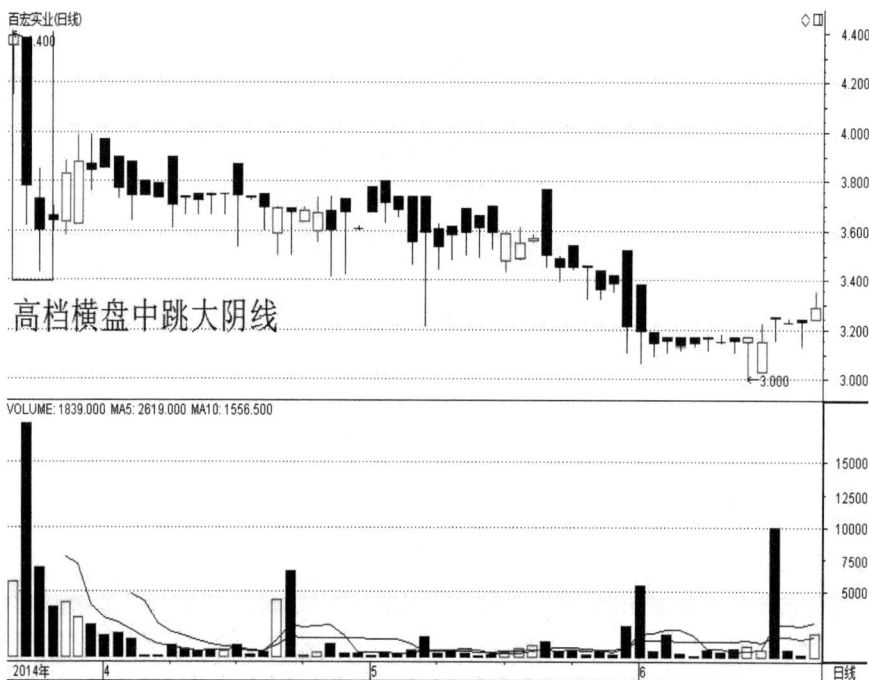

图 7-25　高档横盘中跳大阴线

5.高位待入线

股价涨升到高位后，一日走出一条大阴线，第二天在阴线底部附近开盘，收一条小阴线，收盘价与前一条阴线的收盘价同值或接近，这种形态的图线就是高位待入线，该线预示着股价已经到了顶部，后市将以向下调整为主，应及时卖出股票。

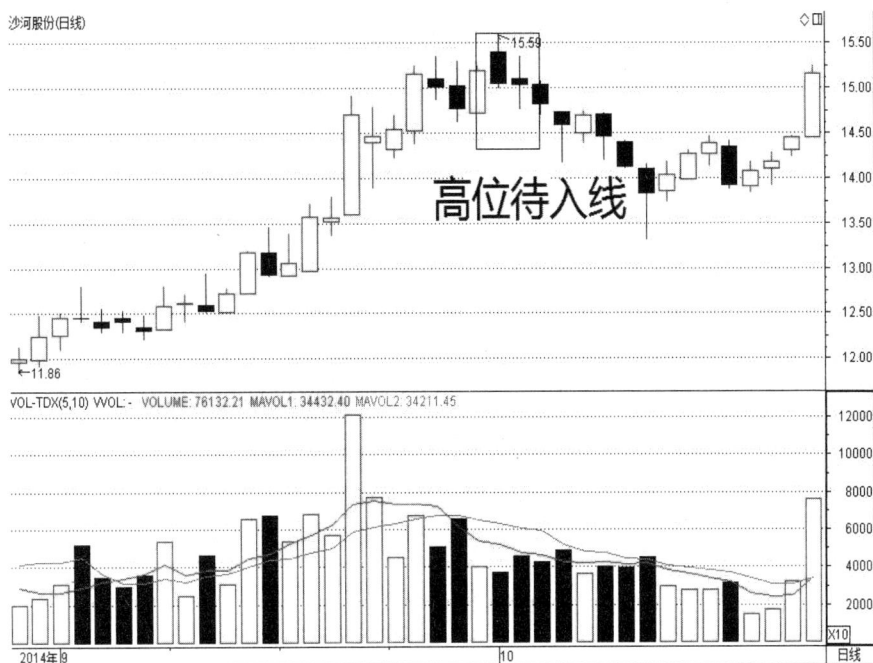

图 7-26　高位待入线

图 7-26 为沙河股份（000014）2014 年 9 月至 10 月的 K 线走势图。从图中可以看出，该股在 2008 年 10 月 8 日至 9 日走出了一个比较典型的高位待入线形态，此时股价正处于 15 元左右的高位震荡，在大市表现堪忧和多头反击无力之后，股价开始下跌。

第八章

成交量

　　经济学里，我们第一个接触的词组可能就是价格和数量。在股市中，同样，价格和数量基本就代表了整个市场的信息。二者互为因果，高价可能有放量，低价可能现地量。成交量的多少直接反映了投资者的投资欲望，告诉您市场人气究竟是聚是散。在所有的炒股软件中，成交量和K线变化的共同分析大盘分析的主流，成交量的分析是观测大盘变化的第三只眼！

一、成交量一般介绍

成交量是指当天成交的股票总手数（1手=100股）。一般情况下，成交量大且价格上涨的股票，趋势向好。成交量持续低迷时，一般出现在熊市或股票整理阶段，市场交投不活跃。成交量是判断股票走势的基础，对分析主力行为提供了重要的依据。投资者对成交量异常波动的股票应当密切关注。其中总手数为到目前为止此股票成交的总数量，现手数为刚刚成交的那一笔股票数量，单位为股或手。

成交量可以在分时图中绘制，也可以在日线图、周线图甚至月线图中绘制。一般行情分析软件中，上面的大图是主图，下面有两个小图，其中一个就是成交量或成交额。国内A股市场是资金推动的市场，市场成交量的变化反映了资金进出市场的情况，成交量是判断市场走势的重要指标，但在国外成熟市场，成交量主要是用来印证市场走势的。如图8-1所示。

图8-1 股价与成交量

1. 正确认识成交量

供需双方取得共识后完成交易手续叫做成交。成交是交易的目的和实质，是市场存在的根本意义，换句话说，没有成交的市场就不称其为市场。

在证券市场中，成交量是成交股数和成交金额的统称。成交股数是某股票某日成交股数之和，成交金额则是该股票成交值总和的货币表示。

要认识成交量，要注意：买盘 + 卖盘 ≠ 成交量

买盘和卖盘相加为何不等于成交量？目前沪深证交所对买盘和卖盘的揭示，指的是买价最高前五位揭示和卖价最低前五位揭示，是即时的买盘揭示和卖盘揭示，其成交后纳入成交量，不成交不能纳入成交量，因此买盘与卖盘之和与成交量没有关系。

怎样看出成交量中哪些是以买成交或哪些是以卖成交？这里有一个办法：在目前股票电脑分析系统中有"外盘"和"内盘"之分，以卖方成交的纳入"外盘"，以买方成交的纳入"内盘"。

2. 成交量的五种形态

因为市场就是各方力量相互作用的结果。虽然说成交量比较容易做假，控盘主力常常利用广大散户对技术分析的一知半解而在各种指标上做文章，但是成交量仍是最客观的要素之一。

（1）市场分歧促成成交

所谓成交，当然是有买有卖才会达成，光有买或光有卖绝对不能成交。成交必然是一部分人看空后市，另外一部分人看多后市，造成巨大的分歧，又各取所需，才会成交。

（2）缩量

缩量是指市场成交极为清淡，大部分人对市场后期走势十分认同，意见十分一致。这里面又分两种情况：一是市场人士都十分看淡后市，造成只有人卖，却没有人买，所以急剧缩量；二是，市场人士都对后市十分看好，只有人买，却没有人卖，所以又急剧缩量。缩量一般发生在趋势的中期，大家都对后市走势十分认同，下跌缩量碰到这种情况就应坚决出局，等量缩到一定程度，开始放量上攻时再买入。同样，上涨缩量碰到这种情况就应坚决买进，坐等获利，等股价上冲乏力、有巨量放出的时候再卖出。

（3）放量

放量一般发生在市场趋势的转折点处，市场各方力量对后市分歧逐渐加大，在一部分人坚决看空后市时，另一部分人却对后市坚决看好，一些人纷纷把家底甩出，另一部分人却在大手笔吸纳。放量相对于缩量来说，有很大的虚假成分，控盘主力利用手中的筹码大手笔对敲放出天量，是非常简单的事。只要分析透了主力的用意，也就可以将计就计。

（4）堆量

当主力意欲拉升时，常把成交量做得非常漂亮，几日或几周下来，成交量缓慢放大，股价慢慢推高，成交量在近期的K线图上形成了一个状似土堆的形态，堆得越漂亮，就越可能产生大行情。相反，在高位的堆量表明主力已不想玩了，在大举出货。

（5）量不规则性放大缩小

这种情况一般是没有突发利好或大盘基本稳定前提下的庄家所为，风平浪静时突然放出历史巨量，随后又没了后音，一般是实力不强的庄家在吸引市场关注，以便出货。

成交量是反映股市上人气聚散的一面镜子。人气旺盛才可能买卖踊跃，买气高涨，成交量自然放大；相反，投资者在人心动摇、人气低迷时举棋不定、心灰意冷，成交量必定萎缩。

成交量是观察庄家大户动态的有效途径。资金巨大是庄家大户的实质，他们的一切意图都要通过成交来实现。成交量骤增，很可能是庄家在买进卖出。

二、成交量与股价的关系

成交量是股票市场的原动力，虽然技术分析的指标多达上百种，但归根到底，最基本的就是价格与成交量，其他指标无非就是这两个指标的变异或延伸。大家知道量价关系的基本原理是"量是因，价是果；量在先，价在后"，也就是说成交量是股价变动的内在动力，没有成交量配合的股价形同无本之木。由此人们导出了多种量价关系的规则，用于指导股民具体的投资。因此，成交量是投资者分析判断市场行情并做出投资决策的重要依据，也是各种技术分析指标应用时不可或缺的参照。

参与买卖股票的人，其对股价偏高或偏低的评价越不一致时，成交量就越大。反之，其评价越一致时，则成交量越小。前者意味着多空双方意见分歧较大，短兵相接，股价有较大幅度的涨跌；后者为多空双方看法略同，操作较不积极，股价涨跌幅度将很有限。

通过成交量可以了解股市资金的动向，资金的动向决定股票价格的涨跌。因而，只有盯住成交量的变化，才能把握股价的变化；股价的变化在涨跌不超过3%的幅度内意义不大，但是当股价变化呈现异常波动时，就该警觉，价与量的变化在不同时间有不同意义。

成交量与股票价格、交易时间、投资者意愿、市场人气等诸多因素互为因果，相互影响。成交量的变化过程就是股票投资者购买股票欲望消长变化的过程。也就是股票市场人气聚散的过程。当人气聚敛时，成交量增大，会吸引更多投资者介入，必定刺激股价攀升；股价升至一定高度，投资者望而却步，成交量开始徘徊；获利盘纷纷出手，成交量放大，又会导致人心趋散，股价又会下跌；而当人心惶惶，抛盘四起，成交量的放大似乎成为人气进一步涣散的引信；待到股价继续下跌，成交量萎缩，投资者逃脱唯恐不及，供大于求，股价又走入低谷。

成交量的变化最能反映股市的大趋势。上升行情中，做长线和做短线都可获利，因此股票换手频繁，成交量放大；在下跌行情中，人气日趋散淡，成交量缩小。

成交总值与加权股价指数涨跌有密切关系。股价指数上升，必须伴有成交量的持续增加。在多头市场里，成交量随着指数上升而扩大，到了股价指数上升而成交量停滞或缩小时，就预示本轮上升行情即将结束，接踵而来的将是股价指数下跌；在空头市场中，指数的每次下跌都会伴有成交量的急剧萎缩，到指数下降而成交量不再减少，本轮跌势也就告一段落。这就是"先见量，后见价"说法的实践基础。

成交量与股价的关系体现为下面两种情况。

一种是量价同向，即股价与成交量变化方向相同。股价上升，成交量也相伴而升，是市场继续看好的表现；股价下跌，成交量随之而降，说明卖方对后市看好，持仓惜售，转势反弹仍大有希望。

另一种是量价背离，即股价与成交量呈相反的变化趋势。股价上升而成交量减少或持平，说明股价的升势得不到成交量的支撑，这种升势难于维持；股价下跌但成交量上升,是后市低迷的前兆,说明投资者惟恐大祸降临而抛售离市。

三、涨停或跌停时成交量的信号

涨停板的研判有多种技术分析方法,但始终离不开价量关系配合这一根本的基础分析。涨停板是市场多空力量严重失衡的现象,也是个股表现最强烈的一种运动形式,它是股价上涨过程中的极限状况。股价涨停,给当日想买卖股票的双方产生明显的心理影响;对于当天在涨停板想卖出股票的散户来说,他会提高自己的心理期望,想以更高的价位卖出,造成当日抛压减少,因此股价有继续上冲的动能。但同时,因股价涨停,追高参与的人会面临极大的风险,为了趋利避险,有必要对个股涨停的价量关系进行仔细研判,从而作出正确的决策。

在实际涨跌停板制度下,大涨(涨停)和大跌(跌停)的趋势能继续下去是以成交量大幅萎缩为条件的。拿涨停板时的成交量来说,看到价升量增,我们会认为价量配合好,上涨趋势会继续,可以追涨或继续持股;如上涨时成交量不能有效配合放大,说明追高意愿不强,涨势难以持续,应不买或抛出手中个股。但在涨跌停板制度下,如果某只股票在涨跌板时没有成交量,那是卖方目标更高,想今后卖出好价,因而不愿意以此价抛出,买方买不到,所以才没有成交量。第二天,买方会继续追买,因而会出现续涨。然而,当出现涨停后中途打开,而成交量放大,说明想卖出的散户增加,买卖力量发生变化,下跌有望。另外如价跌缩量说明空方惜售,抛压较轻,后市可看好;价跌量增,则表示下跌趋势会继续,应观望或卖出手中筹码。但在涨跌停板制度下,若跌停,买方寄希望于明天以更低价买人,因而缩手,结果在缺少买盘的情况下成交量小,跌势反而不止;反之,如果收盘仍为跌,但中途曾被打开,成交量放大,说明有主动性买盘介入,跌势有望止住,盘升有望。

在涨跌停板制度下,量价分析基本判定如下。

1. 涨停可以分为无量涨停与放量涨停,如图 8-2 所示。涨停板量价分析的关键就是要看成交量的增减配合情况。如果涨停量小,股票将继续上扬;跌停量小,股票将继续下跌。

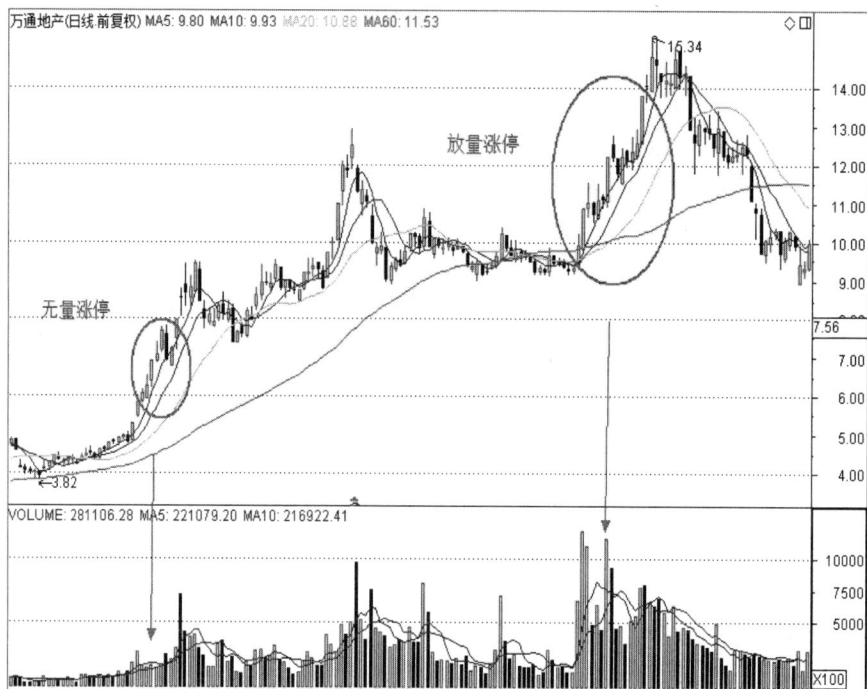

图 8-2　涨停时不同成交量的含义

2. 按涨停板中途是否打开分为不开板的涨停和开板的涨停。涨停中途被打开次数越多、时间越久、成交量越大，反转下跌的可能性就越大；同样，跌停中途被打开次数越多、时间越久、成交量越大，则反转上升的可能性就越大。

3. 按涨停后封单量的大小分为巨量封盘涨停和少量封盘涨停。涨停时封单量大比涨停时封单量小要好，封单越大越好，最好是数百万股或上千万股封单；封停前成交量大而封停后成交量急剧萎缩，比封停前成交量小而封停后成交量密集要好。

4. 封住涨停的买盘数量大小和封住跌停的卖盘数量大小说明买卖盘力量大小。这个数量越大，继续当前走势概率越大，后续涨跌幅度也大。

5. 按主力的意图分为拉升涨停板、涨停吸货、涨停出货等。主力拉升涨停比反弹自救涨停要好，前者风险低、获利快，后者风险大；涨停吸货时个股往往处于低位，或有利好、题材刺激，主力为了尽快建仓收集筹码，采取拉高涨停，故意砸开涨停板，诱使散户抛出廉价筹码；涨停出货一般是个股累计升幅巨大，或反弹自救时制造强势，或者有散户不知道的重大利空，主力借涨停的假象诱人跟进，达到减仓出货的目的。

不过要注意庄家借涨停板反向操作。比如，他想卖，他先以巨量买单挂在涨停位，因买盘量大集中，抛盘措手不及而惜售，股价少量成交后收涨停。当然，原先想抛的就不抛了，而这时有些散户以涨停价追买，这时庄家撤走买单填卖单即成交。当买盘消耗差不多时，庄家在涨停位处填买单，以进一步诱多；当散户又追人时，他又撤买单再填卖单……这样来回操作，以达到高挂买单虚张声势诱多，在不知不觉中悄悄高位出货的目的。反之，庄家想买，他先以巨量卖单挂在跌停位，吓出大量抛盘时，他先撤出原来的卖单，而后填上买单，吸纳抛盘。当抛盘吸纳将尽时，他在跌停板位处又抛巨量，再恐吓持筹者，以便吸筹……如此反复。所以，在这种场合，巨额买卖单多是虚的，不足以作为判定后市继续先前态势的依据。判断虚实的根据为，是否存在频频挂单、撤单行为以及涨跌停是否经常被打开，当天成交量是不是很大。若是，则这些量必为虚；反之，则为实，从而可依先前标准作出判断。

第九章

技术分析的常用指标

技术分析是基本面分析的重要补充和必要支持。而技术分析的量化是所有投资者孜孜不倦的共同追求。历经百年，不管是成熟市场还是新兴市场，股市的量化经验研究逐渐呈现指标化的特点。有趋势分析、有人气盘点更有涨跌轮回的大揭秘，这些都体现在本章所要介绍的各个技术分析指标之中。当然，片面迷信技术分析经验不可取，关键还是方法，毕竟"尽信书不如无书"！

一、MA 移动平均线

移动平均数是数学统计中的一种序时平均数，他用于剔除时间诸类中的偶然因素，从而揭示中长期趋势的发展。均线是通过降低灵敏度，以捕捉高一级的行情，而随着灵敏度的降低，盈利空间也会减少；且这种方法滤除了杂波的同时也将有用的信息一起除掉了，所以均线的使用应与反趋势类指标配合。移动平均线是诸多指标的母型，绝大部分趋势类指标不是源于均线就是借用了均线的理念，很多反趋势类指标也是由均线与价格的关系比较得来，可以说移动平均线是最重要的技术分析指标。由于很多指标都是由移动平均线而来的，所以我们将较全面地介绍它。

1. 移动平均线原理与计算

（1）移动平均线原理

移动平均线（MA）是以道·琼斯的"平均成本的概念"为理论基础，采用统计学中"移动平均"的原理，将一段时期内的股票价格平均连成曲线，用来显示股价的历史波动的情况，进而反映股价指数未来发展趋势的技术分析方法，它是道氏理论的形象化表述。

移动平均线定义："平均"是指最近 n 天收市价格的算术平均线；"移动"是指在计算中，始终采用最近 n 天的价格数据。因此，被平均的数组（最近 n 天的收市价格）随着新的交易日的更迭，逐日向前推移。在计算移动平均值时，通常采用最近 n 天的收市价格。把新的收市价格逐日地加入数组，而往前倒数的第 n+1 个收市价则被剔去，然后，再把新的总和除以 n，就得到了新的一天的平均值（n 天平均值）。

（2）移动平均线计算方法：

MA（n）=（第 1 日收盘 + 第 2 日收盘价 +……第 n 日收盘价）/n

众所周知，市场价格受到多种因素的影响。统计学将众多因素分解为两类，一类是偶然性的因素，一类是系统性因素。用移动平均法提出了偶然性因素，保留了系统因素（即宏观的国民经济形势、微观的上市公司业绩等），因此移动平均线较原始变量（交易价位、交易量）能更有把握地估计原始变量的变动方向，以至变动幅度。移动平均线的更直观的意义在于能明确地描述移动跨区内各单位交易时间购置股价的平均成本，其与当前单位交易时间购置一种品种的成本比较，就能了解移动跨区内的投资行为是盈利，还是亏损；同时移动平均线的变动方向能明确揭示移动跨区单位交易时间购置金融商品的行为，为当前单位交易时间提供了依据。

2. 移动平均线的一般研判

（1）移动平均线的形态

长、中、短移动平均线的作用不同，移动平均线的移动跨距越短，其对变量（价位或成交量）波动的描述越吻合；移动跨距越长，其相对变量的波动越平滑，如图 9-1 所示。

①短期移动平均线

5 天线与实际价位线最贴近。起伏大，很难解释实际变量的变动趋势，故必须与 10 天移动平均线结合使用，以 5 天移动平均线与 10 天移动平均线走势的顺逆比较可以提高 10 天移动平均线的信号作用。10 天线是短期投机行为的有效判别信号，能很好地揭示实际变量的发展趋势，若配以 5 天移动平均线，则信号的可靠性大幅度提高。

②中期移动平均线——月均线指标

20 天线以一月 4 周的大致月线，用了解平均购置成本，可作为中期投资的决策依据。30 天线为 6 周线，大致为一个半月，主要用于与短期线组合分析，以判断走势是否反弹或反转。

③中长期移动平均线——季均线指标

60 天线，75 天线为 12 周、15 周线，相当于季线，对了解中长期购置成本较为可靠，其揭示中长期波动较有规律，能弥补短期线的偶然性和欺骗性，又能弥补长期限反应迟钝的不足。

④长期移动平均线——年均线指标

120 天线、130 天线、260 天线为 24 周、26 周、52 周线，相当于半年线和年线，对预测一年内的经济动向相当可靠，为机构和超级大户长期投资的有效决策工具之一。

移动平均线的峰谷现象。将移动平均线的各种轨迹连贯起来，不难发现移动平均线的走势始终是周而复始的峰谷交易现象，这也就应了"没有只涨不跌的行情，也没有只跌不涨的行情"的市场格言。尽管峰谷幅度有大有小，但波浪前进是行情发展的必然规律。

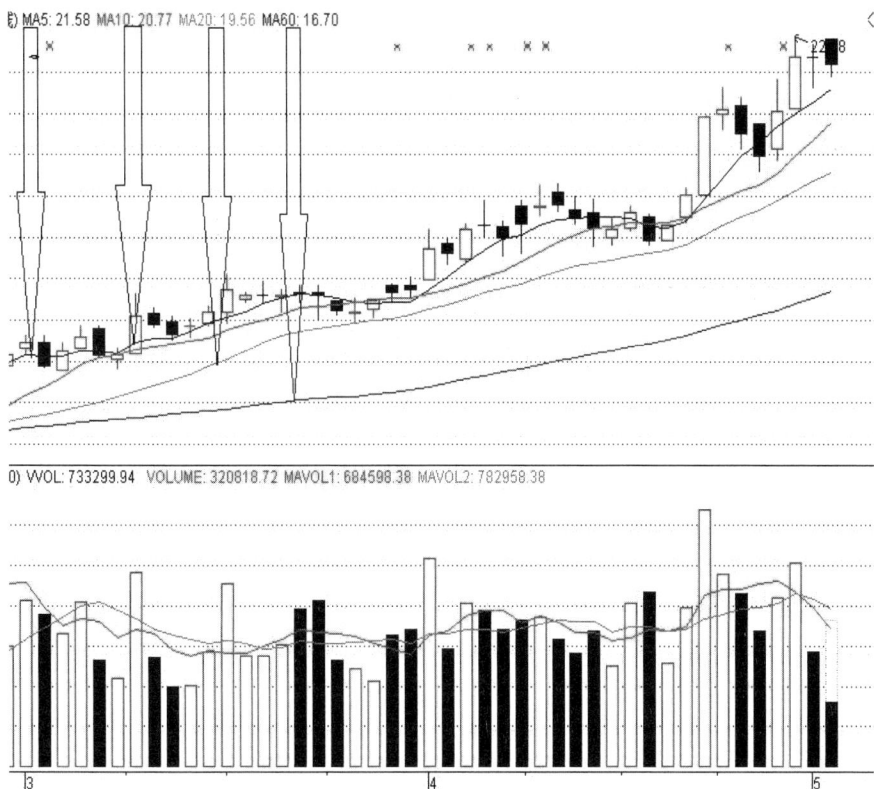

图9-1　MA 移动平均线

（2）移动平均线的交叉

在移动平均线中，最具有价值的是拐点和交叉点的概念。拐点的移动平均线从上升转为下降的制高点或由下降转为上升的最低点，用数学语言来表示就是极值点。

在股市中，行情的翻转变化都发生在各种移动平均线的拐点中。所以5日、10日移动平均线对短线炒作的提示作用，而30日、60日移动平均线中拐点的出现往往预示作一轮中期的上涨或下跌，而120日、240日移动平均线中拐点的出现多是空头市场或多头市场的开始。

在股市的上升行情中，较短期的移动平均线如 5 日线、10 日线从下方向上突破与较长期的移动平均线如 30 日线、60 日线发生的交叉现象称为黄金交叉。黄金交叉是多头强势的表现，它多半预示后市会有相当的上扬空间，因而是买入股票的最好时机。

在股市的下跌行情中，较短期的移动平均线从上方向下突破与较长期的移动平均线发生的交叉现象称为死亡交叉。死亡交叉是空头强势的表现，它多半预示后市会相当的下跌空间，因而它常被认为是卖出股票的最佳时机。

3.MA 移动平均线的实战技巧

移动平均线的实战技巧主要集中在 MA 曲线之间的相互穿越以及 MA 曲线的所处位置和运动方向等几个方面。下面是以招商证券智远理财服务平台软件的 MA 指标为例，以揭示 MA 曲线的买卖功能。

（1）MA 移动平均线交叉情况分析

①买入信号

一是移动平均线的下降拐点。在股价下跌过程中，移动均线应向下运行，当无法再下跌时形成波谷，这时股价不能再下跌，可能变成上升走势的征兆，如图 9-2 所示。这个拐点通常是买点，投资者应跟踪移动平均线，及时发现拐点（波峰和波谷）来寻找买卖点。A 处是 5 日移动平均线，在股价底部第 1 个掉头向上，出现拐点和股票的买入点。B 处是 10 日移动平均线，在股价底部第 2 个掉头向上，出现拐点和股票的买入点。C 处是 20 日移动平均线，在股价底部第 3 个掉头向上，出现拐点和股票的买入点。发出买入信号的先后顺序是：5 日、10 日、20 日均线。此外，当移动平均线在底部出现双底形态或三重底形态，也将是最佳买入时机。

图 9-2　移动平均线下跌拐点图

二是短期移动平均线和长期移动平均线的黄金交叉。股价由下向上，较短期平均线升破中短期平均线，表示短线有空翻多，买方力量增加，后市上升可能性大，为买入信号。股价由下向上，中短期平均线升破长期平均线，也是重要的买进时机。因为这种情况可以判定，多头气势极为强势，后市大涨已成定局，如图 9-3 所示。

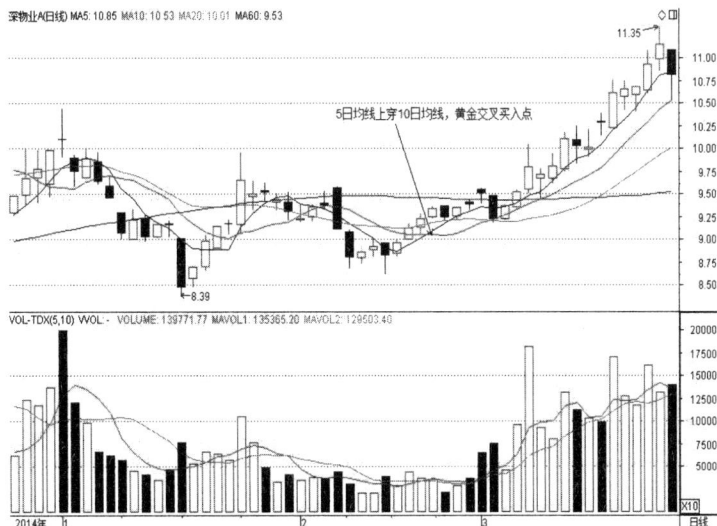

图 9-3　移动平均线"黄金交叉"图

三是移动平均线的金三角叉情况。金三角叉是指5日均线上穿10日均线、在穿越20日均线，10日均线穿越20日均线而产生的三角形。金三角叉又加上一条20日均线（月均线），把短期的震荡除掉，因此它的有效性和可靠性大于5日和10日均线的黄金交叉。三角形的高度月底，底部时间越长，可靠性越高。只有经过一个长期底部才能产生金三角交叉，当今三角形变为点时，就成为三线交叉。发生金三角叉或三县交叉式，是买入股票的好机会，如图9-4所示。

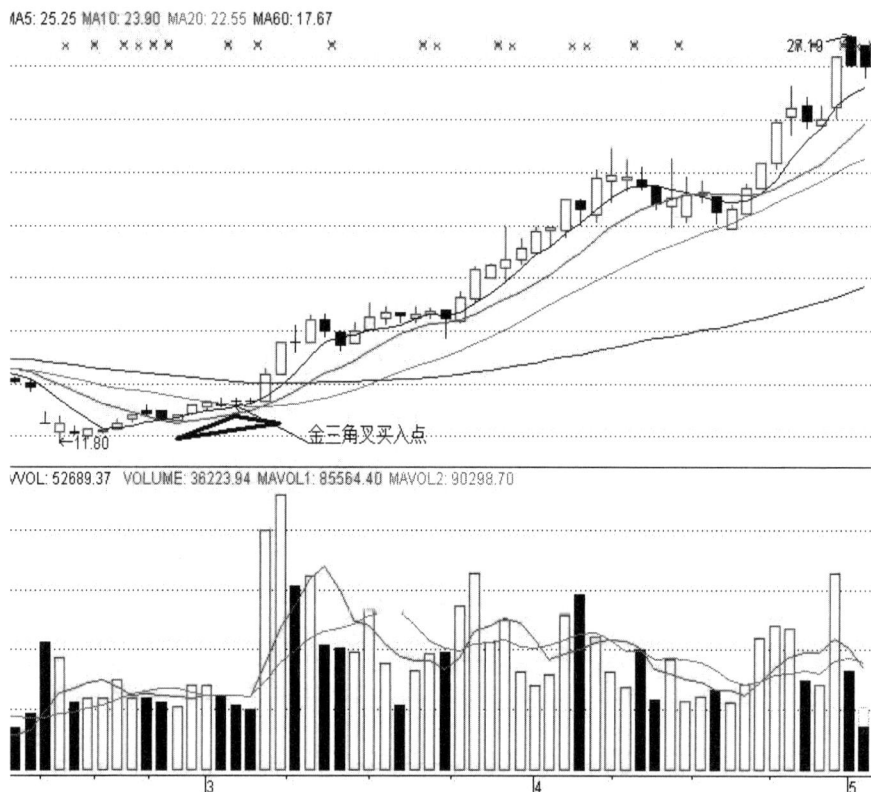

图9-4　移动平均线"金三角叉"图

②卖出信号

一是移动平均线的上升拐点。

当一种移动平均线向上运行，无法再创新高而形成波峰，这是股价无力再

创新高，可能转变为下一步行情走势的征兆，这时拐点通常是卖点，如图9-5
所示是移动平均线上升拐点形态。A处是5日移动平均线，在股价头部第1个
掉头向下，出现拐点和股票卖点。B处是10日移动平均线，在股价头部第2
个掉头向下，出现拐点和股票卖点。C处是20日移动平均线，在股价头部第
3个掉头向下，出现拐点和股票卖点。D处是60日移动平均线，在股价头部
第4个掉头向下，出现拐点和股票卖点。因此，发出卖出股票信号的先后顺序
是：5日、10日、20日和60日均线。此外，当移动平均线在顶部出现双顶
形态或三重顶形态时，也将是最佳的卖出时机。

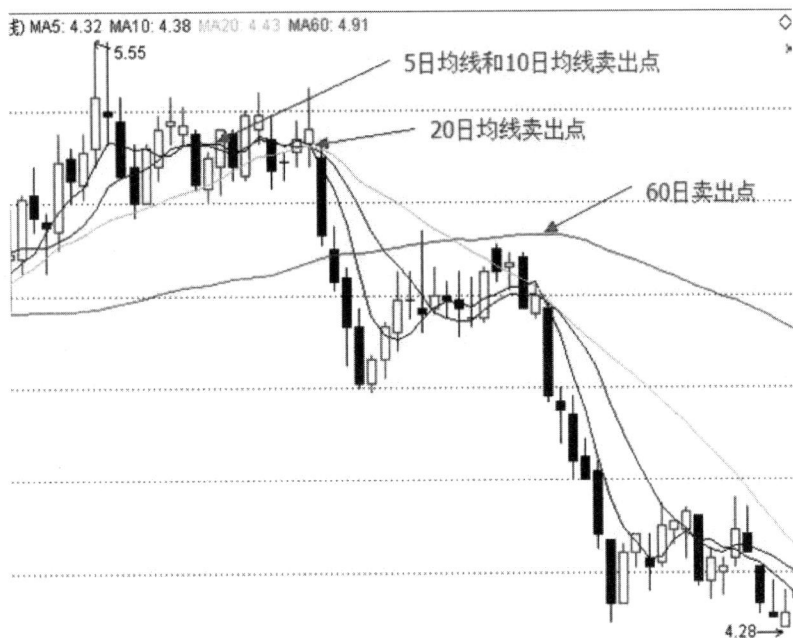

图9-5　移动平均线的上升拐点图

　　二是短期移动平均线和长期移动平均线的死亡交叉。在上升行情中，股价
由上向下跌破5日、10日移动平均线，其5日均线下穿10日均线形成死亡交叉，
30日均线上升趋势有走平迹象，说明空方占有优势，已经突破多方两道防线，
此时应卖出持有股票，如图9-6所示。

5日均线下穿10日均线，死亡交叉卖出点

图9-6 移动平均线"死亡交叉"图

　　三是移动平均线的死亡三角交叉情况。死亡三角叉是指5日均线在头部下穿10日均线、再穿20日均线，10日均线下穿20日均线而产生的三角形。由于死亡三角叉又加上一条20日均线（月均线），把短期的震荡除掉，只有经过一个真正的头部才能产生三角交叉。因此，死亡三角交叉的有效性和可靠性大于5日和10日的死亡交叉，三角形的高度越低，头部时间跃上，可靠性越高。当死亡三角变为点时，就成为死亡三线交叉。发生死亡三角交叉或死亡三线交叉时，是卖出股票的好机会，如图9-7所示。

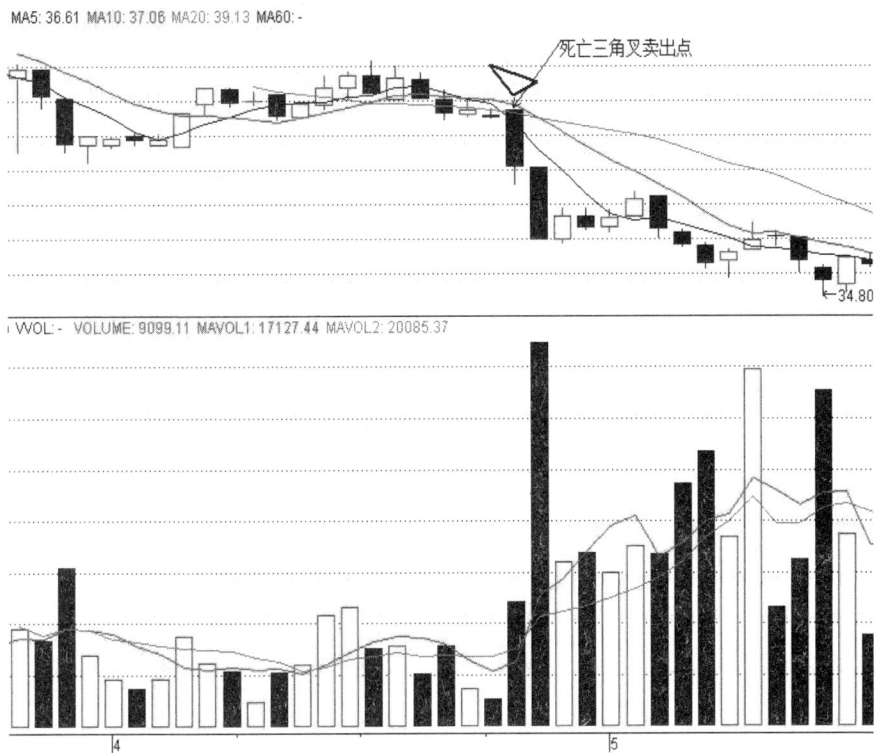

图 9-7　移动平均线"死三角叉"图

（2）MA 移动平均线所处的位置和运行方向

①持股待涨信号

如果 5 日、10 日、30 日、60 日移动平均线为多头排列，且略呈平行状上升，则表示后市将有一段极大的涨幅，多头气势极为旺盛，短期不易回档，是持股最佳时机，如图 9-8 所示。多头排列是指当股指或股价上涨时，移动平均线托着 K 线上升，也就是 K 线在均线的左上方，而所有均线处在 K 线的右下方，按均线时间周期的长短，从小到大，从左到右自然排列。

MA5: 11.47 MA10: 11.39 MA20: 11.54 MA60: 8.45

13.45

移动平均线的多头排列

WOL: - VOLUME: 208339.23 MAVOL1: 197868.00 MAVOL2: 203054.00

3   4

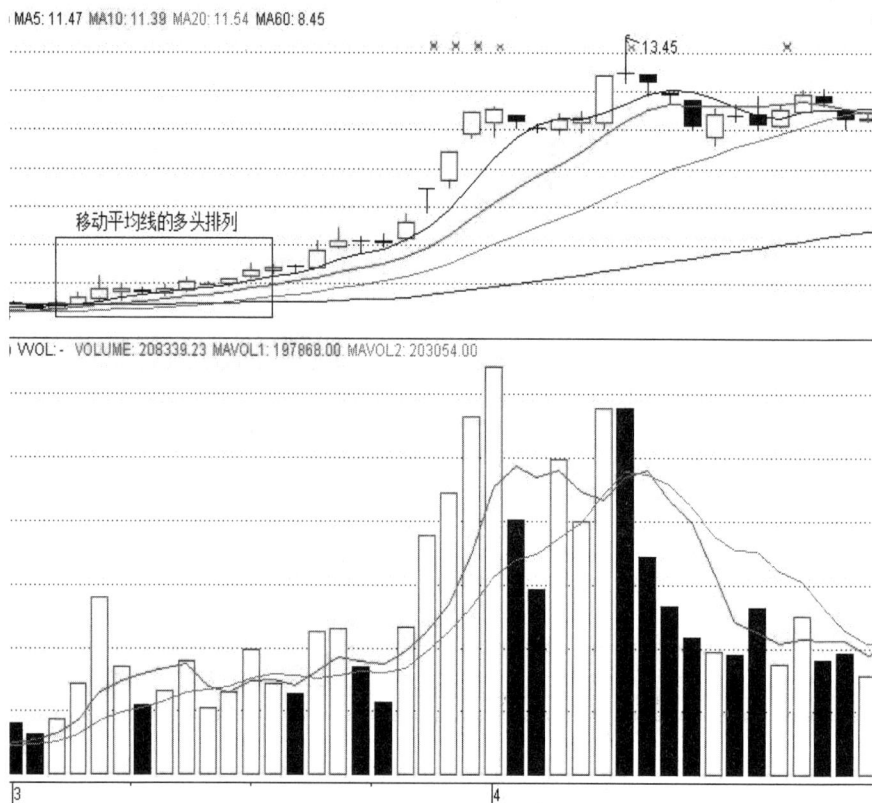

图9-8　移动平均线指标持股待涨图

②持币观望信号

如果5日、10日、30日、60日移动平均线为空头排列，其略呈平行状下降，则表示后市将有的一段极大的跌幅，空头气势极为旺盛，短期不易回档，应及时退出市场，持币观望，如图9-9所示。空头排列是指当股指或股价下跌时，移动平均线由大到小自然排列在K线的右上方，压制K线向右上方进行。

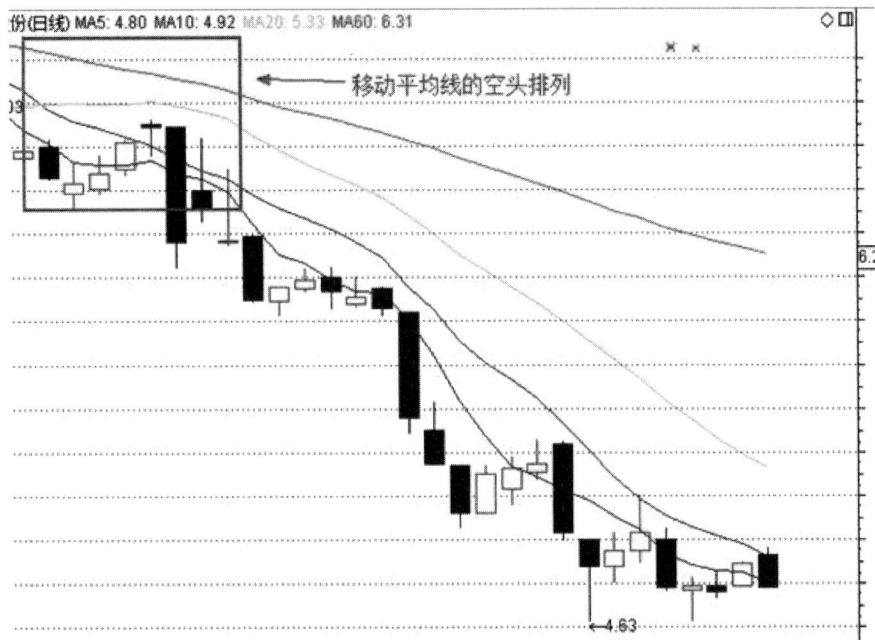

图9-9 移动平均线指标持币观望图

二、MACD 指数平滑异同移动平均线

MACD 指标又叫指数平滑异同移动平均线（MovingAverageConverge-nceandDivergence），是由查拉尔·阿佩尔（GeraldApple）所创造的，是一种研判股票买卖时机、跟踪股票运行趋势的技术分析工具。该技术指标自1979 年发明以来，逐渐受到股票和期货市场中的投资者，尤其是偏好技术分析的投资者的欢迎，普遍认为它能给出较好的买卖信号。

1.MACD 指标的原理和计算方法

（1）MACD 指标的原理

MACD 指标是根据均线的构造原理，对股票价格的收盘价进行平滑处理，求出算术平均值以后再进行计算，是一种趋向类指标。MACD 的基本原理是借用短中期快速与慢速移动平均线分离、聚合的征兆功能，加上双重平滑处理，评判大市位置和买进、卖出的时机和信号。

MACD指标是运用快速（短期）和慢速（长期）移动平均线及其聚合与分离的征兆，加以双重平滑运算，即在一段真正持续的涨势和跌势中，快速（短期）移动平均线与慢速（长期）移动平均线间的距离必将会愈拉愈远（即距离愈来愈大），涨势或跌势若是区域缓慢，则两者之间的距离会愈缩愈小，甚至相互交叉，成为重要的买卖信号。根据移动平均线原理发展出来的MACD，一则去除了移动平均线频繁发出假信号的缺陷，二则保留了移动平均线的效果，因此MACD指标具有均线趋势性、稳定性等特点，是用来研判买卖股票的时机、预测股票价格涨跌的较流行的技术分析指标。

如图9-10所示，MACD指标主要是通过EMA、DIF和DEA（或叫MACD、DEM）这三值之间关系的研判，DIF和DEA连接起来的移动平均线的研判以及DIF减去DEA值而绘制成的柱状图（BAR）的研判等来分析判断行情，预测股价中短期趋势，其中DIF是核心，DEA是辅助。DIF是快速平滑移动平均线（EMA1）和慢速平滑移动平均线（EMA2）的差。BAR柱状图的股市技术分析软件上是用红柱和绿柱的收缩来研判行情。

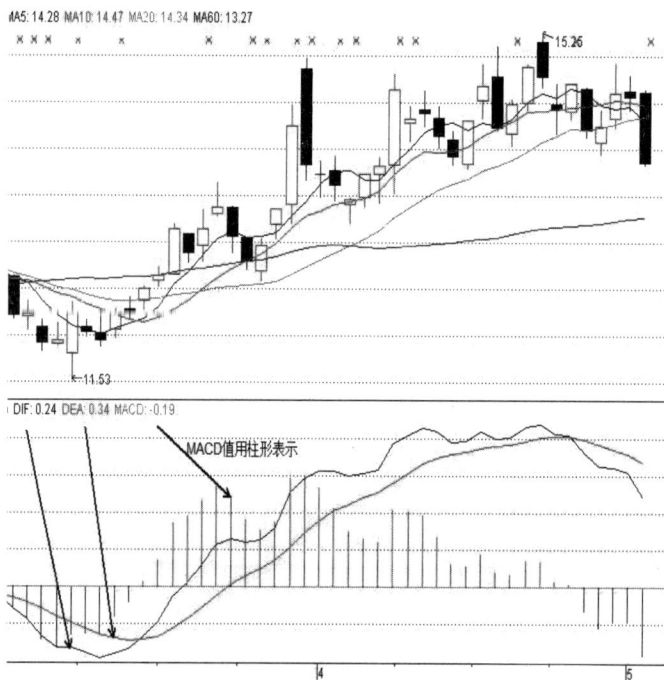

图9-10　MACD移动平均线聚离值

（2）MACD 指标的计算方法

MACD 指标的应用上，首先计算出快速移动平均线（即 EMA1）和慢速移动平均线（EMA2），因此两个数值来作为测量两者（快慢速线）间的离差值 DIF 的依据，然后再求 DIF 的 n 周期的平滑移动平均线 DEA（也叫 MACD、EMA）线。

以 EMA1 的参数 12 日，EMA2 的参数为 26 日，DIF 的参数为 9 日为例，MACD 的计算过程如下：

1）计算移动平均值（EMA，exponentialmovingaverage 指数移动平均值）

① 12 日 EMA 的算式为：

$$EMA(12) = \frac{11}{12+1} \times 昨日\,EMA(12) + \frac{2}{12+1} \times 今日收盘价$$

② 26 日 EMA 的算式为：

$$EMA(26) = \frac{25}{26+1} \times 昨日\,EMA(26) + \frac{2}{26+1} \times 今日收盘价$$

2）计算离差值 DIF，即 Difference。

DIF= 今日 EMA(12)- 今日 EMA(26)

3）计算 DIF 的 9 日 EMA，即根据离差值计算其 9 日的 EMA，即离差平均值，我们在这称为 DEA，DifferenceExponentialAverage。

$$今日\,EMA = \frac{2}{9+1} \times 今日\,DIF + \frac{8}{9+1} \times 昨日\,DEA$$

4）计算移动平均聚离值 MACD

MACD=（DIF-DEA）×2

计算出的 MACD 值在股票软件中用红色和绿色柱形在 MACD 图形上表示出来。

理论上，在持续的涨势中，12 日 EMA 线在 26 日 EMA 线之上，其间的正离差值（+DIF）会越来越大；反之，在跌势中离差值可能变为负数（-DIF），也会越来越大；而在行情开始回转时，正负离差值将会缩小。MACD 指标正是利用正负的离差值（±DIF）与离差值的 n 日平均线的交叉信号作为买卖信号的依据，即再度以快慢速移动平均线的交叉原理来分析买卖信号。

和其他指标的计算一样，由于选用的计算周期的不同，MACD 指标也包括日 MACD 指标、周 MACD 指标、月 MACD 指标、年 MACD 指标以及分钟 MACD 指标等各种类型。经常被用于股市研判的是日 MACD 指标和周 MACD 指标。虽然他们计算的取值有所不同，但基本的计算方法一样。在实践中，将个点的 DIF 和 DEA（MACD）连接起来就会形成在零轴上下移动的两条快速（短期）和慢速（长期）线，即为 MACD 图。

2.MACD 指标的应用

DIF 线：收盘价短期、长期指数平滑移动平均线间的差。

DEA 线：DIF 线的 M 日指数平滑移动平均线。

MACD 线：DIF 线与 DEA 线的差，彩色柱状线。

参数：短期、长期、M 天数，一般为 12 天、26 天、9 天。

用法：

（1）DIFF、DEA 均为正，DIFF 向上突破 DEA，买入信号。

（2）DIFF、DEA 均为负，DIFF 向下跌破 DEA，卖出信号。

（3）DEA 线与 K 线发生背离，行情反转信号。

（4）分析 MACD 柱状线，由红变绿（正变负），卖出信号；由绿变红，买入信号。具体如图 9-11、图 9-12、图 9-13、图 9-14 所示。

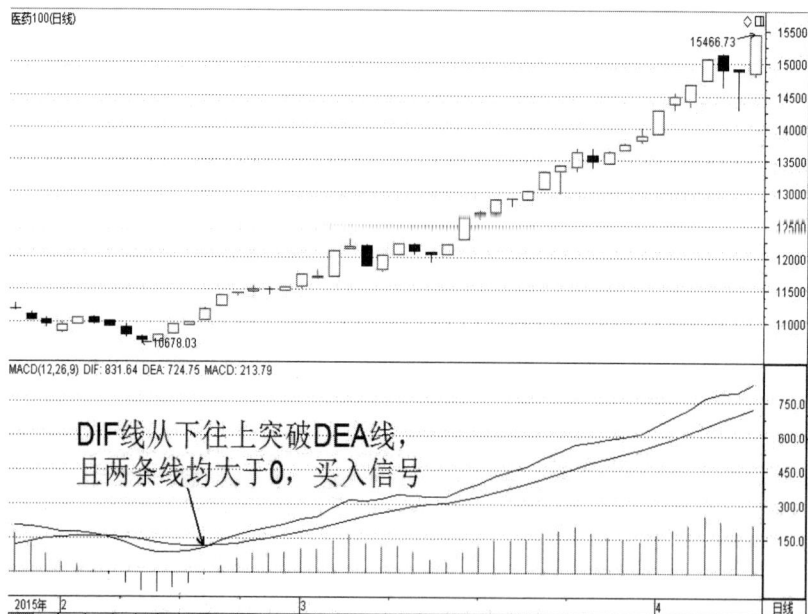

图 9-11　MACD 应用举例一

图 9-12 MACD 应用举例二

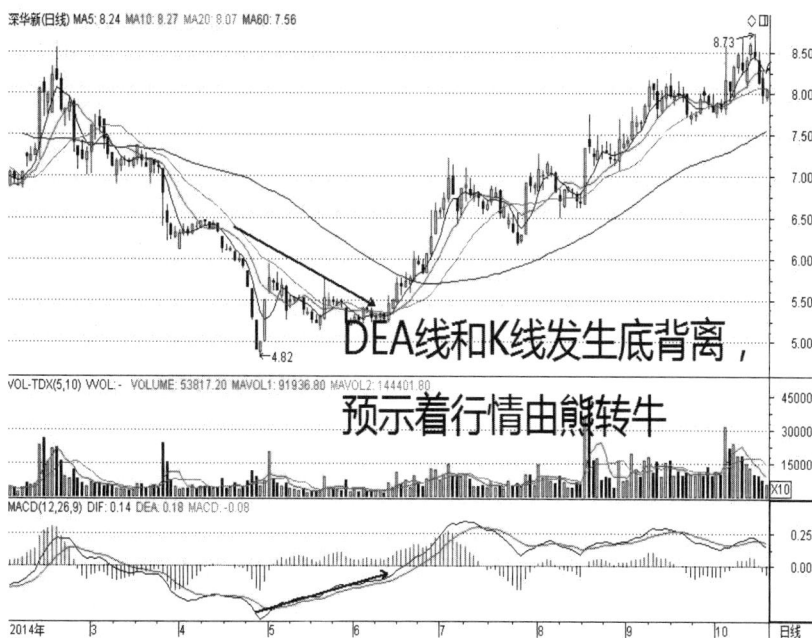

图 9-13 MACD 应用举例三

图 9-14　MACD 应用举例四

三、相对强弱指标 RSI

相对强弱指标 RSI（RelativeStrengthIndex）又叫力度指标，由威尔斯·魏尔德（WellesWilder）所创，RSI 最早用于美国期货市场，后来人们发现在众多的图表技术分析中，RSI 理论极适合股票的中短期投资，于是被广泛用于股票的测量与分析中。

1.RSI 指标的原理和计算

（1）RSI 指标的原理

RSI 指标是一定时期内市场的涨幅与涨幅加上跌幅的比值。它是根据股票市场上供求关系平衡的原理，通过比较一段时期内单个股票价格的涨跌的幅度或整个市场的指数的涨跌的大小来分析判断市场上多空双方买卖力量的强弱程度。RSI 指标是对单个股票或整个市场指数的基本变化趋势作出分析，先求出单个股票若干时刻的收盘价或整个指数若干时刻收盘指数的强弱，而不是直接对股票的收盘价或股票市场指数进行平滑处理。RSI 指标是买卖力量在数值上和图形上的体现，投资者可根据其所反映的行情变动情况及轨迹来预测未来股价走势。

在实际操作中，通常将其与移动平均线配合使用，借以提高行情预测的准确性。

（2）RSI 指标的计算

RSI 指标的计算公式有两种，虽然这两个公式形成不同，但实质是一样的。

RSI（n）= 价格涨幅 /（涨幅 + 跌幅）×100

=(收盘价 – 昨收)和 0 的较大值的 n 日移动平均 /(收盘价 – 昨收)的绝对值的 n 日移动平均 *100

假设 A 为 n 日内收盘价的涨数即当日收盘价高于前日收盘价之和，B 为 n 日内收盘价的跌数即当日收盘价低于当日收盘价之和乘以（–1）。这样，A 和 B 均为正，将 A、B 代入 RSI 计算公式，则

$$RSI(n) = \frac{A}{A+B} \times 100$$

由于选用的计算周期的不同，RSI 指标也包括日 RSI、周 RSI、月 RSI、年 RSI 以及分钟 RSI 指标等各种类型。经常被用于股市研判的是日 RSI 指标和周 RSI 指标。RSI 的参数为日数 n，一般而言，若采用的周期的日数短，RSI 指标反映可能比较敏感；日数较长，可能反应迟钝。目前沪深股市中 RSI 所选用的基准周期为 6 日和 12 日。

RSI 的计算公式实际上就是反映了某一阶段价格上涨所产生的波动占总的波动的百分比率，百分比越大，强势越明显；百分比越小，弱势越明显。RSI 的取值介于 0~100 之间。在计算在某一日的 RSI 值以后，可采用平滑运算法计算以后的 RSI 值。根据 RSI 值在坐标图上连成的曲线，即为 RSI 曲线。

2.RSI 指标的应用

（1）如图 9-15 所示，RSI>80 为超买，RSI<20 为超卖；超卖，是指资产的价格升至基本面因素无法支持的水平，通常发生在价格短时间内急涨之后。超买意味着价格很容易出现向下修正。与之相反的情况称为"超卖"。

图 9-15　RSI 指标的应用举例一

（2）如图 9-16 所示，RSI 以 50 为中界线，大于 50 视为多头行情，小于 50 视为空头行情。

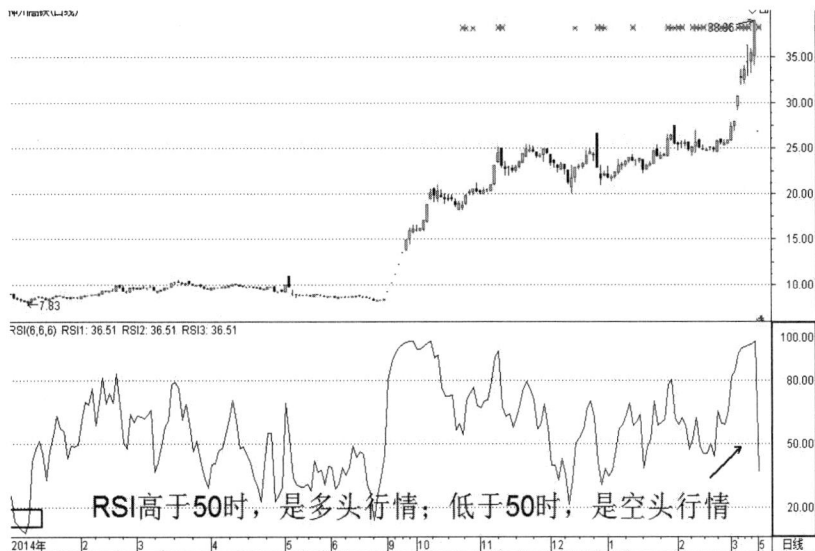

图 9-16　RSI 指标的应用举例二

（3）如图 9-17 所示，RSI 在 80 以上形成 M 头或头肩顶形态时，视为向下反转信号。

图 9-17　RSI 指标的应用举例三

（4）如图 9-18 所示，RSI 在 20 以下形成 W 底或头肩底形态时，视为向上反转信号。

图 9-18　RSI 指标的应用举例四

（5）如图 9-19 所示，RSI 向上突破其高点连线时，买进；RSI 向下跌破其低点连线时，卖出。

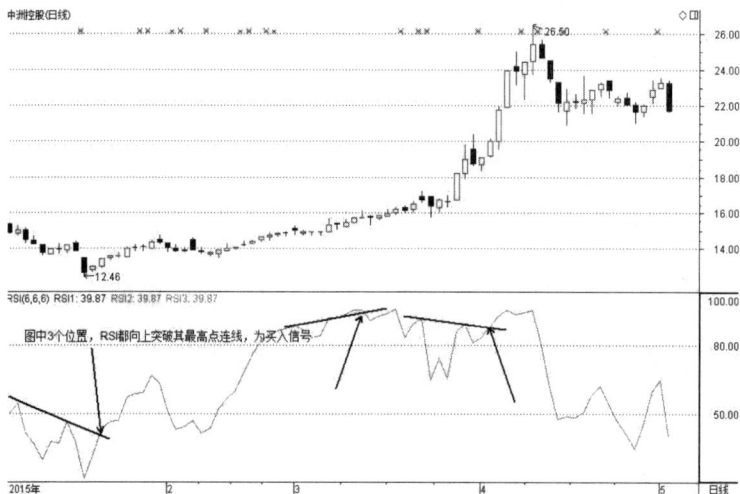

图 9-19　RSI 指标的应用举例五

四、随机摆动指标 KDJ

KDJ 指标又叫随机指标（Stochastics），是由乔治·蓝恩（GeorgeLane）博士所创，起先是欧美期货市场常用的一种技术分析工具，后被广泛用于股市的中短期趋势分析，是一种相当新颖、实用的技术分析指标。随机摆动指标 KDJ 综合了动量观念、相对强弱指标与移动平均线的优点。它是通过一段时期内出现过的最高价、最低价及收盘价计算出 K 和 D 的值。它是股票市场上最常用的技术分析工具之一，多用于中、短期买卖时机的研判。

1.KDJ 指标的原理和计算

（1）KDJ 指标的原理

KDJ 指标是根据统计学的原理，是以最高价、最低价及收盘价为基本数据进行计算，得出的 K 值、D 值和 J 值分别在指标的坐标上形成一个点，连接无数个这样的点位，就形成一个完整的、能反映价格波动趋势的 KDJ 指标。它主要是利用价格波动的真实波幅来反映价格走势的强弱和超买超卖现象，在价格上未上升和下降之前就发出买卖信号的一种技术工具。

KDJ 指标最早是以 KD 的形式出现的，而 KD 指标是在威廉指标的基础上发展起来的。不过威廉指标只判断股票的超买超卖的现象，而 KDJ 指标中则融合了移动平均线速度上的观念，形成比较准确的买卖信号依据。通过使用一个特定的周期内出现过的最高价、最低价以及收盘价这三者之间的比例关系，来计算最后一个计算周期的未成熟随机值 RSV，然后根据平滑移动平均线的方法来计算 K 值、D 值与 J 值，并绘成曲线图来研判股票走势，同时也融合了动量观念、强弱指标和移动平均线的一些优点，因此能够比较迅速、直观地研判行情。在实践中，K 线和 D 线融合 J 线组成 KDJ 指标来使用。由于 KDJ 线本质上是一个随机波动的概念，故其对于掌握中短期行情走势比较准确。

（2）KDJ 指标的计算

KDJ 指标的计算比较繁琐，首先要计算周期的未成熟随机值 RSV（RawStochasticValue），然后再计算 K 值、D 值和 J 值。以日 KDJ 指标数值的计算为例，RSV 的计算公式为：

$$RSV(n) = \frac{C_t - L_n}{H_n - L_n} \times 100$$

式中，C_t 为第 n 日收盘价；L_n 为 n 日内最低价的最低值；H_n 为 n 日内最高价的最高值。

PSV 值始终在 0~100 间波动。

其次，计算 K 值和 D 值：

当日 K 值 =RSV 的 M1 日移动平均

当日 D 值 =K 的 M2 日移动平均

若无前一日 K 值与 D 值，则可分别用 50 来代替。

另外，一般在介绍 KD 时，往往还附带一个 J 指标。J 指标的计算公式为：

J=3*D-2*K

实际上，J 的实质是反映 K 值和 D 值的乖离程度，从而领先 KD 值显示头部或底部。J 值范围可超过 100 和低于 0。

例如，股票软件上 KDJ 窗口左上角显示的 KDJ（9,3,3），表示 RSV 值用9 天内的数据计算,K 值为 RSV 值的 3 日移动平均值,D 值为 K 值的 3 日移动平均值。

2.KDJ 的内涵

（1）KDJ 以今日收盘价（也即 N 日以来多空双方的最终言和价格）作为买力与卖力的平衡点，收盘价以下至最低价的价格距离表征买力的大小，而最高价以下至最低价的价格距离表征买卖力的总力。这样,RSV 的买力与总力之比，正是用以表征 N 日以来市场买力的大小比例,反映了市场的多空形势。

（2）KDJ 指标的后来修正者，放弃把 RSV 直接作为 K 值，而只把 RSV作为新 K 值里面的 1/3 比例的内容。这是一种权值处理手法，表明更重视（2/3重视）近期趋势的作用。

（3）在乔治·蓝恩的发明里,D 值原来是 N 日 K 值的平滑平均值。现直接从算式上可见,D 值只把 K 值作 1/3 的权重加以考虑,同样表明对近期趋势的重视。同时,D 值的变化率也就小于 K 值的变化率,因此,K 线成为随机指标中较敏感的快速线,D 线则为较沉稳的慢速线。

（4）J 值本意为 D 值与 K 值之乖离，系数 3 和 2 也表现了权值的处理，表明在 KD 指标中,D 指标应被更重视一些，这与趋势分析中认为慢速线较具趋势的示向性原理是一致的。

3.KDJ 的应用

（1）指标 >80 时，回档机率大；指标 <20 时，反弹机率大；

（2）K 在 20 左右向上交叉 D 时，视为买进信号；

（3）K 在 80 左右向下交叉 D 时，视为卖出信号；

（4）J>100 时，股价易反转下跌；J<0 时，股价易反转上涨；

（5）KDJ 波动于 50 左右的任何信号，其作用不大。

其具体应用如图 9-20、图 9-21、图 9-22、图 9-23、图 9-24 所示。

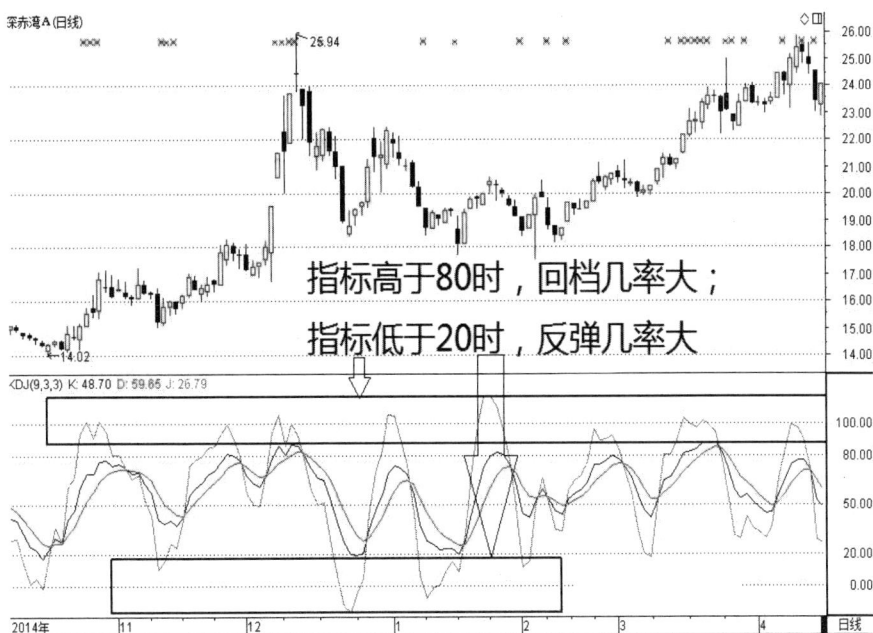

图 9-20　KDJ 指标的应用举例一

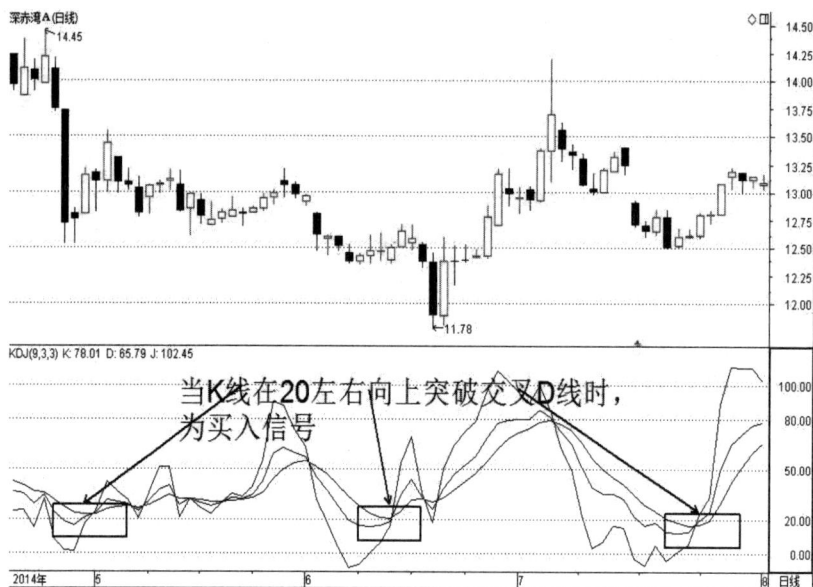

当K线在20左右向上突破交叉D线时，为买入信号

图 9-21　KDJ 指标的应用举例二

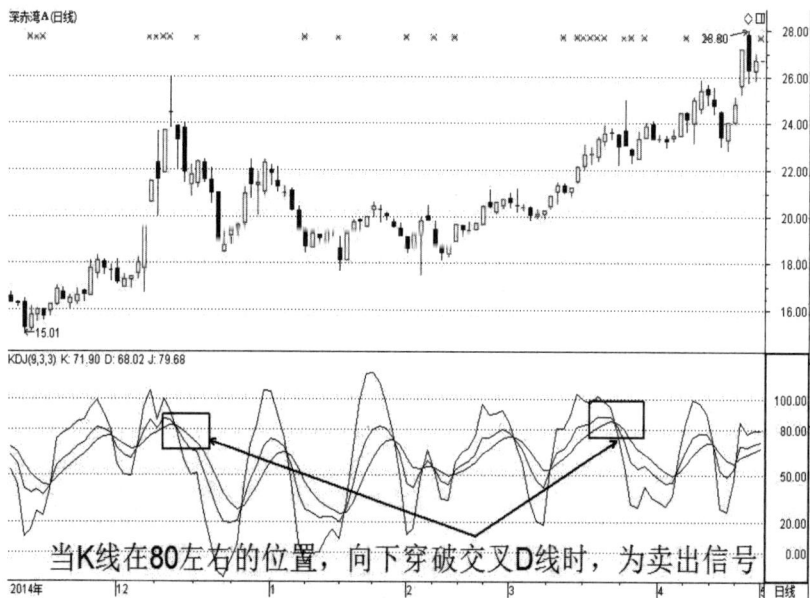

当K线在80左右的位置，向下穿破交叉D线时，为卖出信号

图 9-22　KDJ 指标的应用举例三

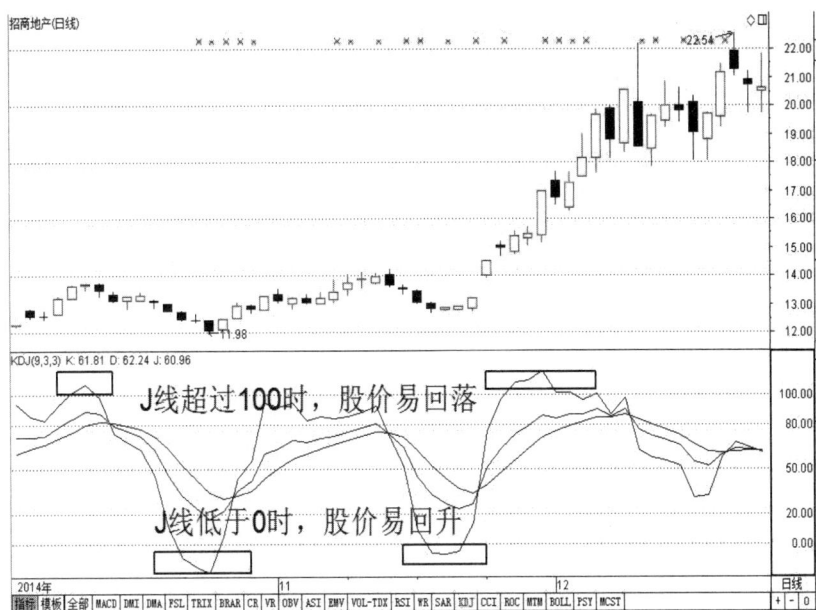

图 9-23　KDJ 指标的应用举例四

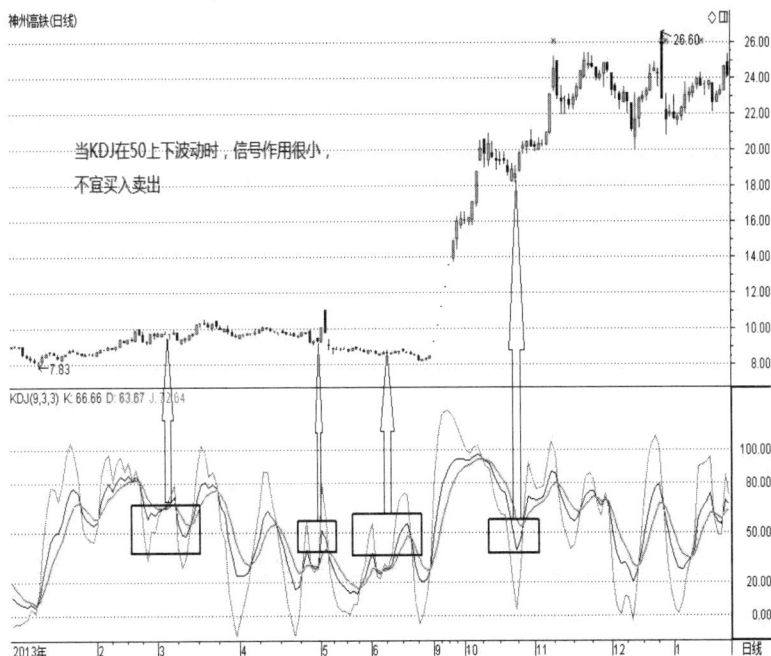

图 9-24　KDJ 指标的应用举例五

五、布林线指标 BOLL

布林线 BOLL 属于路径类指标，该类指标认为股价应当围绕移动平均线在一定的范围内变动 BOLL 指标（BolingerBands）又叫布林线指标，使用该指标的创立人约翰·布林的姓来命名的，是研判股价运动趋势的一种中长期技术分析工具，是市场上最受欢迎的技术分析指标之一。

1.BOLL 指标的原理和计算方法

（1）BOLL 指标的原理

BOLL 指标在股价的运动总是围绕某一价值中枢（如均线、成本线等）在一定范围内波动的理论基础上，根据统计学中的标准差原理，引进了"股价通道"的概念，其认为股价通道的宽窄随着股价波动幅度的大小而变化，而且股价通道又具有变异性，它会随着股价的变化而自动调整。BOLL 指标却与股价的形态和趋势有着密不可分的联系，它是利用"股价通道"来显示股价的各种价位，当股价波动很小，处于盘整时，股价通道就会变窄，这可能预示着股价的波动处于展示的平静期；当股价波动超出狭窄的股价通道的上轨时，预示着股价的异常激烈的向上波动即将开始；当股价波动超出狭窄的股价通道的下轨时，同样也预示着股价的异常激烈的向下波动将开始。此外，针对投资者遇到的最常见买高卖低的陷阱，BOLL 指标运用了相对论，认为各类市场间都是互动的，市场内和市场间的各种变化都是相对性的，股价的高低是相对的，股价在上轨线以上或在下轨线以下只反映该股股价相对较高或较低，投资者在作出投资判断前还应该综合参考其它技术指标.

（2）BOLL 指标的计算方法

BOLL 指标的计算方法比较复杂，其中引起了统计学中的标准差概念，涉及中轨线（MB）、上轨线（UP）和下轨线（DN）的计算。另外，由于选用的计算周期的不同，BOLL 指标也包括日 BOLL、周 BOLL、月 BOLL、年 BOLL 以及分钟 BOLL 指标等各种类型。经常被用于股市研判的是日 BOLL 指标和周 BOLL 指标。以日 BOLL 指标计算为例，其计算过程如下：

①计算 MA：

$$MA(26)=\frac{n\text{日内收盘价之和}}{n}$$

②计算标准差 MD：

$$MD=\sqrt{\dfrac{\Sigma\,(C-MA)^2}{n}}$$

③计算 MB、UP、DN 线，中轨线 MB=n 日的移动平均线；上轨线 UP= 中轨线 + 两倍的标准差；下轨线 DN= 中轨线 − 两倍的标准差：

MB=(n−1) 日的 MA

UP=MB+2×MD

DN=MB−2×MD

2.BOLL 指标的应用

（1）股价上升穿越布林线上限时，回档几率大；

（2）股价下跌穿越布林线下限时，反弹几率大；如图 9-25 所示。

（3）布林线震动波带变窄时，表示变盘在即；如图 9-26 所示。

图 9-25　BOLL 线指标的应用举例一

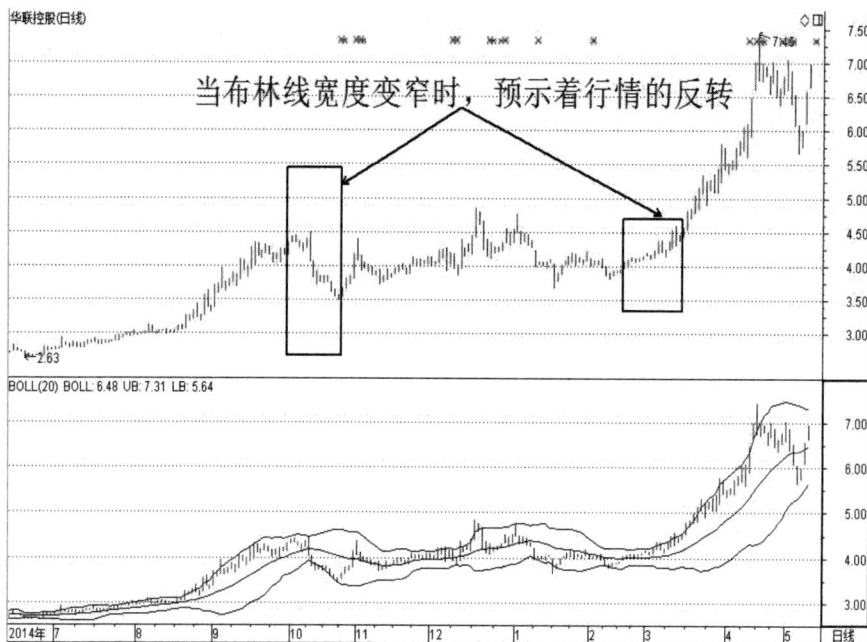

当布林线宽度变窄时，预示着行情的反转

图 9-26　BOLL 线指标的应用举例二

（4）BOLL 须配合 BB、WIDTH 使用。

BB 指标为布林极限指标，它的用法：①布林极限主要的作用在于辅助布林线辨别股价买卖点的真伪；② BB>100，代表股价穿越布林线上限；BB<0，代表股价穿越布林线下限；③当 BB 一顶比一顶低时，股价向上穿越布林上限所产生的卖出信号，可靠度高；④当 BB 一底比一底高时，股价向下穿越布林下限所产生的买进信号，可靠度高，如图 9-27 所示。

WIDTH 指标是指极限宽度指标，它的用法：①极限宽主要的作用在于辅助布林线搜索即将发动行情的个股；②极限宽的极限数据随个股不同而不同，使用者应自行观察后判定；③一般情形下，当极限宽下跌至 3% 左右的水平时，该股随时有爆发大行情的可能；④布林线、布林极限、极限宽三者构成一组指标群，必须合并使用。

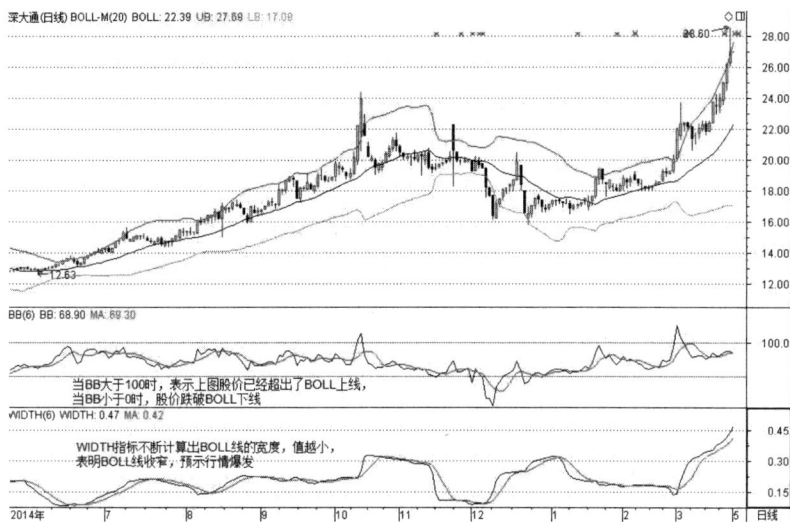

深大通(日线) BOLL-M(20) BOLL: 22.39 UB: 27.69 LB: 17.09

当BB大于100时，表示上图股价已经超出了BOLL上线，
当BB小于0时，股价跌破BOLL下线

WIDTH指标不断计算出BOLL线的宽度，值越小，
表明BOLL线收窄，预示行情爆发

图 9-27　BOLL 线指标的应用举例三

第十章

庄家迷踪——主力行为盘口解密

观察中国股市，透视大盘走势，有一点国情必须了解，那就是中国股市时至今日存在的巨大财富不均，存在坐庄现象。庄家成为游走在中国股市之中的杀手锏和特殊国情。庄家也好，主力也罢，这都是我们在进行大盘分析中必不可少的考虑因素。之所以说股市有时给人的感觉如同雾里看花，庄家或者说主力的作用绝对不可忽视。如何看，怎么看，本章告诉您答案！

一、庄家概述、分类、特征

1. 什么是庄家

"庄家"一词源于赌博活动，是指拥有雄厚的资金实力和众多筹码，利用自己有利的特殊条件来操纵或影响赌局的团体。证券市场中的"庄家"是一个引申的概念，证券市场庄家，是指通过雄厚的资金收集大量股票筹码，以影响股票供求关系来影响股票价格的走势，并最终实现获利目的的团体。

由于证券市场环境的变迁，目前庄家的活动空间已受到制约，其控庄的长短性也有所变化，有时候仅仅表现为市场主力的特征。尽管庄家的地位和意义已不可同日而语，其基本功能和特定手法却没有多大的变化。坐庄是一个很复杂的过程，如果仅仅只是一个二级市场收集筹码然后高位抛出筹码的过程，那么任何一个资本雄厚者都可以轻易做到。交易者都知道，花钱来买筹码是很容易的，而高位抛出筹码兑现赢利却不是一件轻松的事情。除非是在大牛市中，否则，缺乏技术面之外的一系列条件的配合，出货将变得非常困难。最后庄家在高位自拉自唱的结局比比皆是。所以直至现在，长庄的现象越来越少，独庄的现象几乎销声匿迹。

2. 庄家的分类

（1）根据持股时间来划分

①短线庄家。庄家运作周期从 2 天到 30 天不等。重势、重概念、重技术形态、持仓量少、严格止损是这类庄家的鲜明特征。一般控盘程度为 1%～10%，建仓时间为 1～10 天。

②中线庄家。庄家运作周期大致为一个中级上升趋势的结束，在牛市中可能是 3～6 个月，在牛市里的振荡期可能是 30～60 天。一般控盘程度为 10%～30%，建仓时间为 10～30 天。

③长线庄家。庄家运作周期大致为一个牛市的结束，可能是 1～2 年，甚至于只要上市公司基本面没有恶化，就可能长期持有并做少量的波段操作。一般控盘程度为 10%～50%。建仓时间为 1～12 个月。

（2）根据坐庄家数来划分

①合伙庄。合伙庄是指两个或两个以上的庄家共同坐庄。既然是共同看好，那么其所控制的股票的基本面往往不错，流通盘也往往比较大，有长久的市场吸引力。

②单独庄。单独庄是指一个庄家独霸目标个股，其控盘程度在30%～70%之间的行为。一般这类庄家实力强大，控盘能力高，股价走势也比较有规律。

（3）根据入庄时间来划分

①新庄。新庄是指第一次入驻目标股的庄家，一般他们会介入刚上市的新股，或者老庄已经撤出很久的个股。

②老庄。老庄是相对于新庄而言的，是指已经进驻目标股的庄家。他们对个股的股性比较清楚，对股价的走势也往往把握得较好。

（4）根据股价形态来划分

①强庄。强庄是指那些资金实力雄厚、控盘程度较强、使股价走势常常特立独行且明显强于大盘的庄家。一般而言，强庄所控制的股票往往具有良好的基本面，使庄家有信心独来独往。

②弱庄。弱庄是指那些资金实力较弱、对大盘或个股缺乏信心、主要靠做波段交易来赚取利润的庄家。这类庄家所控制的股票不易分出好坏，但基本上都要看大盘的脸色行事。

（5）根据驻流情况来划分

①常驻庄。常驻庄是指那些长年累月驻守于目标股中做高抛低吸动作的庄家。这类庄家往往对目标股比较熟悉，只关注大盘的状况，一有机会就会在目标股上赚取差价。

②游走庄。游走庄是指那些到处出击个股的庄家。他们常常碰到有爆发行情或题材行情时就瞄准一支股票做足一次，而后打一枪换个地方，转换个股目标。

3.庄家的特征

从操作方面来说，庄家往往具有以下的特征：

（1）与上市公司或媒体部门等有较好的配合关系，善于制造市场炒做题材。

（2）具有较专业的操作人员或班子，对股市规律和股价走势规律比较熟悉。

（3）在市场底部以现金购买大量筹码，在市场高位则以筹码兑换大量现金。

（4）有能力控制一段时期内股价的走势，包括使股票连续上涨或持续下跌。

（5）在股票市场上，其所参与的股票走势比较独特，常常大幅领涨于大盘。

（6）操纵价格和欺骗参与者是庄家最重要的特征，其欺骗包括消息面和技术面的双重欺骗。

从属性方面来说，庄家往往又具有以下的特征：

（1）在某一时期内，能激活市场，吸引交易者交易，甚至能提高上市公司的市值。

（2）不仅在二级市场上加大了市场投机成分，同时也可能促使上市公司的短期经营不以主营业务为主。

（3）坐庄需要大量的资金，进、出场都不易，当操作不得法时，被套或亏损时有发生。

（4）庄家行为在股票走势图上或多或少会留下痕迹，给市场交易者提供了赚钱的机会。

（5）庄家在股价走势中要玩弄很多花样，但交易者如能识破或不理会，庄家则无可奈何。

二、庄家的操盘四个步骤

1.四个基本操作步骤

（1）建仓

通过收集大量流通股来改变股票的供求关系，最终影响或控制股价走势。无论庄家怎么变换花样，低买高卖是其盈利的唯一渠道。所以，除了新股外，建仓一定是在股价相对低的时候进行的，即使是曾经建仓时的价位较高，如果大势不好，庄家也是会把股价打下来后继续建仓以摊低成本的。

庄家建仓阶段的特征表现为：

①构成一个明显的股价箱体，在这个箱体中波动的频率开始加大，股价碰到上箱顶的次数大于探底的次数，成交量略微放大或呈散兵坑状。

②表现出一定的抗跌性，下影线加长。

③从技术分析上看，5日RSI或9日KDJ底背离趋势向上，此时股价横向波动甚至下跌。同时在周K线上有一段5周以上的横盘K线组合，5周

RSI 或 9 周 KDJ 出现双底或底背离。

④市场开始有一些有关该股的传闻，但是股价和成交量基本没有反应，有时还会小幅下跌几天。

（2）试盘和洗盘

①试盘

庄家利用某时间段的买卖信息，来测试市场多、空双方力量的对比。通过某一时间段有目的的快速买进和卖出，庄家可以得到市场心理状况和市场筹码状况的反映，进而调整自己的交易策略，以确认是否建仓及其建仓的时间和成本、是否拉升及其拉升的方式和目标价位、是否继续洗盘及其洗盘的手法和时间等。一般来说，短线庄家的试盘时间往往只有 5 ~ 30 分钟，中线庄家的试盘时间往往在 1 周之内，而长线庄家的试盘时间多数在半个月以内（半个月内间歇式的有几天试盘的动作）。

庄家试盘阶段的特征表现为：

一是均线系统中，5 日均线金叉 10 日、30 日均线，大多数个股 30 日均线呈水平走势。

二是向上试盘时，MACD 中的 DIF 线与 MACD 线靠近，BAR 绿柱缩短或红柱增长；KDJ、RSI 快速到达强势区，不久重新回到常态区。向下试盘是上述指标出现相反态势。

三是成交量出现或温和放大、或突然放大、或时大时小、或量价背离等走势。

四是日 K 线出现大阳大阴的走势，或小阳伴大阴、小阴伴大阳的组合形式，有时甚至出现单根大阴大阳 K 线，或上下影线较长的 K 线形态。

②洗盘阶段

庄家在完成建仓后、开始拉升前，一般都会进行洗盘的动作。庄家以快速打压或反复振荡的方式摧毁持股者信心，迫使意志不坚定者交出手中筹码，以便于自己吸纳或促使新介入者持有，从而提高市场参与者的平均持股价格，稳定后续即将拉升的市场根基。除少数超级短线庄家和基金联合坐庄的不用洗盘程序外，其余庄家多数会采用洗盘的方式来使股价获得更高的涨幅空间。当庄股洗盘完毕时，流通筹码的锁定程度更高，比建仓结束时的表现更甚。尤其是成交量，常常达到地量的水平。部分获利盘、套牢盘、保本盘已被洗出，留下的基本上都是市场中坚定的持股者。即使是小单连续拉动，都会导致大阳线出现。

庄家洗盘阶段的特征表现为：

一是大幅振荡，阴线阳线夹杂排列，市势不定。

二是成交量较无规则，但有递减趋势。

三是常常出现带上下影线的十字星。

四是股价一般维持在庄家持股成本的区域之上。若投资者无法判断，可关注10日均线，非短线客则可关注30日均线。

五是按K线组合的理论分析，洗盘过程即整理过程，所以图形上也都大体显示为三角形整理，旗形整理和矩形整理等形态。

（3）拉升

庄家将大量持股者清理出局后，往往就会快速拉升股价，使其远离自己的成本区，同时尽量减少新人的参与，因为此时的股价仍然处在比较低的价位。拉升的动作视庄家需要往往不止一次，而可能是几次。试盘时间短则几分钟，长则不过2周；而拉升的时间往往在1周以上，长则3个月。

庄家拉升阶段的特征表现为：

①由于庄家的拉升是一种股价上涨的趋势，所以，均线系统呈现典型的多头排列。5日、10日均线上升角度陡峭，一般都大于45度以上。收盘价在3日均线上运行的具有短期黑马的性质；收盘价站在5日均线之上的，具有牛股的特性。5日、10日、30日、60日均线呈有序多头排列，股价向上运行，在这一段时期中，股价往往表现为主升浪，短、中期升幅可观。

②成交量持续稳步放大，呈现价升量增、价跌量缩的特点，价量配合良好。在这段时期内，成交量整体上保持活跃状态，市场投资者积极参与，人气旺盛。

③在拉升阶段中，庄家经常在中高价区连拉中、长阳线，阳线的数量多于阴线的数量；阳线的涨幅实体大于阴线的跌幅实体；日K线经常连续收阳，股价时常跳空高开，并且不轻易补缺口，日K线形态中常出现红三兵、上升三部曲、大阳K线等。

（4）出货

出货是庄家坐庄最重要的一个环节，也是其最重视的一个环节。只有将筹码派发出去，庄家才能使账面盈利变为真实获利。但把钱变成股票容易，把股票套现成钱却很难。虽然是有目的、有计划地出货，但多数仍会有临时调整。具体来说，从短庄的1周出货时间到长庄的6个月出货时间不等，但通常的出货时间在 1 个月左右。

庄家出货阶段的特征表现为：

①经常制造再次上攻前期高点（或阻力位）且根本不会回调的假象。

②经常挂出大笔买单，只要有人跟进则往往迅速撤单，或者所挂出的买单手数越来越小。

③在高位有时呈现股价疲软，上攻乏力的现象。

④分时成交经常出现无量空涨或跌时放量的现象。

⑤技术指标经常出现顶背离。

2. 巧辨出货与洗盘

在散户跟庄过程中经常遇到的一个棘手问题：不知道如何区别洗盘与出货，因为二者在 K 线走势图中有许多相似之处，其结果不是将洗盘误认为是出货而过早出局，错失获利良机，就是将出货误认为是洗盘而持股不动，错失出货良机，遭套牢之苦。

庄家洗盘的目的是尽量把心态不坚定的跟风盘甩掉。庄家出货的目的是尽量吸引买盘，通过各种手段稳定其他持股者的信心，而自己却在尽量高的价位上派发手中尽量多的股票。如图 10-1 所示。

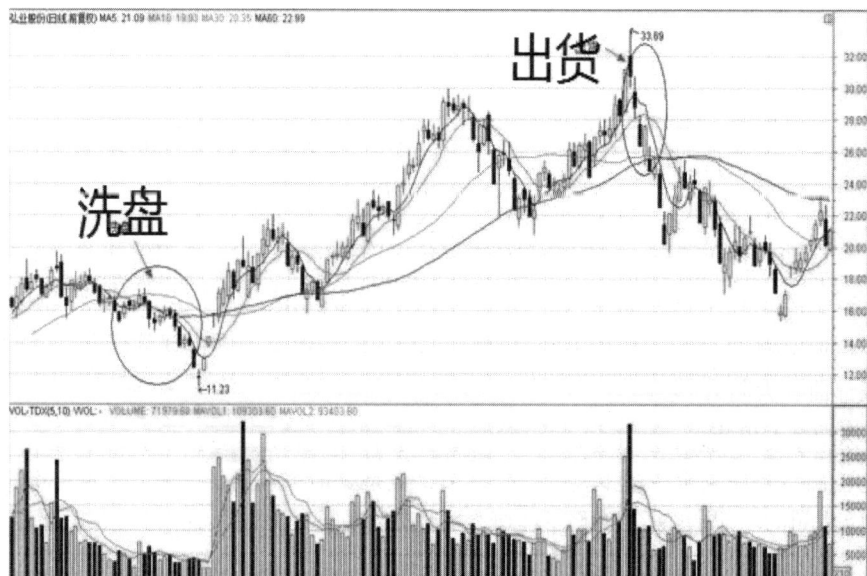

图 10-1　出货与洗盘

区分两者的区别是十分关键的，如何把握洗盘与出货的区别，并在洗盘结束时及时跟进，从而跑赢大势呢？

（1）根据目的区分

①出货的目的

只有成功出货，庄家才能将看起来丰厚的账面利润转化为现实的盈利，彻底完成资金变为筹码再由筹码变为资金的循环过程。出货是因股价已从低位拉至高位，虽然庄家千方百计加以掩盖或者制造骗线，但其真正目的是派发筹码套现出局，其筹码是买进少、卖出多。

②洗盘的目的

庄家为了减轻后续拉升过程中的获利抛盘压力，必须分时段地对盘中筹码进行不断的清洗，并且造成一种有规律的操作假象，以便在今后的出货动作中打破前期操作定式，诱杀自以为聪明的跟风盘。为了达成这一目的，庄家洗盘时要抛出一些筹码，打压股价下跌，造成要出货的样子，但这种抛筹是假的、局部的和暂时的，其真实目的是为了吓出低位跟风获利的散户，不断提高散户成本，洗出浮筹，随后庄家又会买回更多的筹码，庄家是假出货、真回购，筹码卖出少、买回多。

（2）根据盘口表现区分

一般情况下，庄家出货时大卖单是不挂在卖盘上的，下方买单反而大，显示委比较大，造成买盘多的假象。有时候下方也无大买单，但上方某价位却有很多的货，或成交明细中常有大卖单卖出而买单却很弱，导致价位下跌而无法上行。

庄家洗盘时在卖盘上挂有大卖单，造成卖盘多的假象。若庄家对倒下挫时是分不清是洗盘还是出货的，但在关键价位，卖盘很大而买盘虽不多却买人（成交）速度很快，笔数很多，股价却不再下挫，多为洗盘。

（3）根据技术指标区分

庄家洗盘是想甩掉不坚定的跟风盘，并不是要吓跑所有的人。庄家必须让一部分坚定者仍然看好此股，仍然跟随它，帮它锁定筹码。所以庄家在洗盘时，某些关键价是不会跌穿的，这些价位往往是上次洗盘的起始位置，这是由于上次已洗过盘的价位不需再洗，即不让上次被震出去的人有空头回补的价差，这就使K线形态有十分明显的分层现象。从K线组合看，往往是阴线不断，并且收阴的次数多，盘中往往伴随着放量杀跌，庄家好像正在大肆出货，其实股价重心仍然是依托中期均线系统支撑呈缓慢上升走势，即使股价出现短线快速下跌走势，跌破支撑位也不会继续大幅下跌，而是在较短的时间内重返支撑位之上运行。新的升势开始之前，成交量往往是大幅度萎缩的，随着股价上升，成交量才开始逐步放大。

而庄家出货则以力图卖出手中大量的股票为第一目的，所以关键位是不会守护的，从而导致价位失控，毫无层次可言，一味下跌。出货时，成交量放大，换手率高，股价一般缓慢下跌，期间有时夹杂振荡上涨，但时间短，涨幅有限，浮筹渐渐增加，出货后期，筹码大多转移到散户手中，股价进入连绵阴跌走势。出货的总体K线形态为牛短熊长，盘中振荡出货，常常故意低开后拉小幅阳线，有时尾市几笔买单强行把股价拔高，收出中阳线或带下影线的阳线。

（4）从选择利用消息及股价反应区分

出货多选择或利用利好消息，结合大盘上涨，充分给予散户信心，争相抢购股票，庄家正好出货套现，成功出逃。洗盘则多选择并利用利空消息进行配合，结合大盘回调打压股价，顺势洗盘，使散户产生恐慌，丧失持股信心，抛出手中筹码。

3.辨别出货征兆

出货技术是大资金操盘最难以掌握的一项技术，掌握这项技术需要很多经验作基础，不是缺乏丰富大资金经验的操盘者所能轻易使用的。庄家出货一般都是有前兆的，散户只要抓住这些前兆，正确识破庄家的阴谋，就可以在股票市场上大获全胜。

庄家在市场运作的过程中，出货派发是最后一道程序，也是非常关键的一个环节。任何一个庄家，只有将手中的筹码派发出去，才能使账面的盈利变为实实在在的获利。虽然庄家的行为较为隐蔽和高明，但在派发的行动中，或迟或早、或多或少总是会露出一些蛛丝马迹。庄家出货有哪些征兆？

（1）目标达到

什么叫目标达到呢？简单地说，我们准备买进一支股票，最好的方法就是把加倍和取整的方法联合起来用，当你用几种不同的方法预测，结果都是某一个点位的时候，那么在这个点位上就要准备出货。

（2）该涨不涨

出货的前兆就是在形态、技术、基本面都要上涨的情况下不涨。这种例子在股市中是非常多见的。有的是形态上要求上涨，而股价不涨，还有的是公布了预期的利好消息，基本面要求上涨，而股价不涨。

（3）正道消息增多

所谓的正道消息是指报刊、电视台、广播电台等媒体发布的消息。随着正道的消息增多，就到了庄家该准备出货的时候了。上涨的过程中，报纸上一般见不到多少消息，但是如果正道的宣传开始增加，说明庄家萌生退意，要出货。

（4）传言增多

如果你正在做一支股票，突然有一个朋友给你传来某个消息，随后，陆续有朋友给你传来这个消息，那么就是庄家出货的前兆。

（5）放量不涨

无论在什么状况下，只要放量不涨，就是庄家要准备出货的前兆。如图10-2所示。如果某支股票出现以上这些征兆，一旦股价跌破关键价位，不管成交量是不是放大，散户都应该考虑出货。

图10-2　放量不涨

三、识破庄家的骗术

1. 利用技术分析的骗术

庄家经常在下面四个阶段利用技术分析制造各种陷阱。

（1）吸筹阶段

庄家在吸筹阶段往往会刻意掩饰，以做到不露痕迹。相当普遍的做法是先往下打，在图表上制造向下突破的信号，这时K线形态上会出现典型的卖出信号，价格形态上会出现三角形、长方形、矩形、旗形突破下边的突破信号，切线上往往表现为重要支撑位置被击穿，波浪形态上表现为下跌第五浪的开始；而指标分析理论方面，则为KDJ线交叉向下，RSI从高位转头向下穿越50日均线，MACD表现为DIF向下突破DEA，甚至MA出现死亡交叉。其目的无非就是要散户因为出现技术上的卖空信号而止损卖出，这时正是庄家大量吸纳廉价筹码之时。筑底的过程是漫长的，有的庄家会刻意压住价格，直到自己建仓的目标达成。

（2）突破阶段

突破阶段庄家往往会先虚张声势，制造巨量突破的图形吸引市场的注意，拉升的早期会反复震荡，不断试盘，以确认市场对走势的附和程度，同时摆脱不坚定的跟风盘。在K线方面，因庄家抄盘风格不同，会有不同的突破方式，有的会以一根大阳烛突破长期盘整底部，让升势犹如火焰升天，也有以突破性跳空展开向上冲击的过程；在切线理论方面表现为压制股价的重要阻力线被彻底撕破，股价一直向上；在形态分析方面，典型的头肩底、多重底、圆底、双重底突破颈线，确认了重要底部的形成；在波浪分析方面表现为第一波接近完成，上升五浪的序幕被拉开，成交量的配合会相当完美，量比至少在3倍以上；在指标分析方面，RSI会从50日均线上穿、KD指标交叉向上、DIF向上突破DEA、MA形成黄金交叉。总之，拉升开始的庄家会以各种各样的招数来吸引散户的注意。

（3）拉升阶段

跟风者的蜂拥而入正是庄家最醉心的时刻，为了诱惑跟风者，行情会进入主升浪，跟风者的账面利润不断滚动增长。技术图表看起来就像银行存折一样令人陶醉：K线图上一根阳线紧跟着另一根阳线，人们开始预测接下来还有多少根阳烛会出现；形态上三角形、旗形、矩形等持续形态指示着上升趋势的不可逆转；切线上上升通道近乎完美无缺，MA紧贴走势形成弯曲的支撑线，KD与RSI均在50日均线以上显示涨势正当"盛年"；波浪上主升第三浪爆炸性展开，人们在谈论是否会发展为延伸浪，主力的目的已经达到，在散户争先恐后地追涨之时，庄家已经做好了撤退的打算。

（4）派发阶段

早在拉升的过程中，庄家就开始将手中获利颇丰的筹码派给抬轿的散户。这个阶段不同的庄家表现的完全可以不同；急不可耐的玩高台跳水；不动声色的玩横盘整理；心浮气躁的玩高位震荡。总之，这个阶段出现的图表形态大多都是庄家设计的陷阱，庄家已经撤退了。

2. 利用成交量的骗术

在通常的情况下，量价之间的确存在一个相对应的关系，价升量增往往是市场向上运行时的普遍特征，因此被认为是自然的，反之价跌量减就是一种背离，是不正常的。然而，这只能说是市场中的普遍现象，而事实上还客观存在另外一种较为特殊的市场现象。简而言之，某些市场主力就是利用了人们对量价关系通常规则的认识，进行反向操作。在他们认为必要的时候，就有可能采取"对倒"之类的做法，制造虚假的成交量，看上去股票的换手率很高，似乎是市场上有大资金在建仓，股价也不断地上涨，但实际上买进卖出的都是一家人，市场主力以自己买自己卖这样的形式，让股票形成"价升量增"的走势。这种走势有着很大的欺骗性，不明事理的中小投资者介入进去，来一个追涨，那么就多半要挨套受损失的。

首先，借利空逼杀，建仓后常用，当建仓后，如出现大盘或个股已经持续下跌，这时出现利空消息，主力喜欢放大利空效应，用大手笔对敲，杀跌诱骗心态不稳的散户抛出股票，已达到快速吸筹的目的，震仓时也用这种手法。

其次，借利好放量大涨，如申报、年报、消息、题材出现之前，人们看好市场，主力减仓出货。

再次，逆市放量，出货时常用，一天股市翻绿，但有"万绿丛中一点红"多数是吸引眼球，有大胆跟进时，也往往有一两天的行情，随后加速下跌，套牢跟进的人。

另外，缩量小跌常用于出货，当个股拉升到一定高度，庄家要出货时，用缩量小跌（价量配合是合情合理的）麻痹人们，使其放松警惕，错失出局机会，一步步掉入深套的陷阱。人们说的"温水煮青蛙"就是这个道理。

3.识破庄家的骗线

所谓的骗线，就是大户利用股民们迷信技术分析数据、图表的心理，故意抬拉、打压股指，致使技术图表形成一定线形，引诱股民大量买进或卖出，从而达到他们大发其财的目的。最常见的是震仓洗盘和拉高出货。

影线分上影线和下影线两种。一般讲，上影线长，表示阻力大，下影线长表示支撑强烈。但是由于市场内大的资金可以调控个股价位，影线经常被主力用来进行骗线，上影线长的个股，并不一定有多大抛压，而下影线长的个股，并不一定有多大支撑。

（1）上影线骗线

①主力拉出的长上影线

先攻击受阻回落形成长上影线，回落受支撑形成长上影线。长上影阴线可以解释为：买方力量一度非常强大，将股价大幅拉升，但是在随后多空力量的争斗中空方占了上风，将多方苦心经营的成果夺回，并使收盘价收在了前收盘之下。长上影线往往只是主力制造的一个假象，也就是我们通常说的多头陷阱，诱使跟风追涨的买盘，实际是为了掩护出货。长上影线在个股不同的阶段，其表示意义也不尽相同。怎么才能很好地利用上影线识破主力的"骗局"呢？

一是底部长上影。个股在底部出现长上影，一般是主力想拉升个股，不过因为抛盘过多或是大盘走坏，结果造成个股收成长上影。这个时候，建议投资者加入自选股关注，一般收出长上影后，还需要一些时间来震荡洗盘，放量突破这根上影线的时候，就是拉升行情的开始。

二是上涨中期长上影。个股在上涨中期出现长上影，可让散户误认为是上涨末期长上影，导致技术型散户被主力洗出，第二日不跌反涨，让自以为技术型逃顶成功的散户大跌眼镜。

三是上涨末期长上影。个股在经过长期的拉升之后，收一根长上影，下跌放巨量，各个技术指标相继形成死叉，说明主力已无心继续恋战，这个时候散户最好果断出局，以保住利润为好。如果周线形成长上影线，那就可形成长期顶部区域，更要注意主力的巨大骗局。

②试盘型的上影线

有些主力拉升股票时，操作谨慎，在欲创新高或股价将进入一高点时，均要试盘，用上影线试探上方抛压。试盘是上影线的一种成因。主力在拉新高或冲阻力位时都可能试盘，以试探上方的抛压大小。

如果上影线长，但是成交量并没有放大，同时股价始终在某个区域内收带上影线的 K 线，那么主力试盘的可能性就很大。

如果试盘后个股放量上扬，则可放心持股；如果试盘之后转入下跌，那么则证明主力试出上方却有抛压，此时可抛股，一般在更低位可以接回。值得注意的是，如果长上影线发生在个股大涨之后，那么后市下跌的可能性比较大。

③震仓型上影线

这种上影线经常发生在一些刚刚启动不久的个股身上，有些主力为了洗盘、震仓，往往用上影线吓出不坚定的持仓者，吓退欲跟进者。投资者操作，要看 K 线组合，而不要太关注单日的 K 线。

（2）下影线骗线

下影线表示下方支撑比较强，在强势市场中，有些机构资金实力不是很强，为制造骗局，他们在其炒作的股票中制造一个或几个单日的长下影线。方法为某支股票在盘中突然出现一笔莫名其妙的、价位极低、手数较大的成交，而后恢复平静，长下影线就由此产生。这是其中主力在向广大散户发出"支撑力强"的信号，一般这种股票由于主力实力不是很强，表现不会突出。应注意真正有大主力的个股是不会在底部显山露水，让投资者觉察"支撑力强"。

有时，个股在交易中大幅下挫，尾市收高，在日 K 线图上留下长下影线，如果散户股民简单认为这是股价见底，下档支撑力强，反弹在即，则可能会吃大亏。此时只要打开每日实时的走势图就会发现，此类股票往往全天均处于阴跌之中，而只有在首盘的瞬间出现了一笔奇怪的资金将股价上拉形成带长下影线的 K 线。遇到此类股票，散户朋友还是早些离场观望为好。这是主力在派发阶段利用尾市收盘几分钟快速拉高股价，留下长下影线，以引诱跟风盘的出货手法，这才是真正的盘面语言，散户股民朋友对此应多加提防。

个股在长期阴跌或大幅下挫后，出现 T 字线，这种情况往往表明该股有可能止跌回升，且后市有较大的涨幅。实战经验表明，T 字 K 线止跌回升的技术意义通常有以下几种情形。

①T字K线的实体部分越小，下影线越长，止跌的作用就越明显。

②股价下跌的时间越长、幅度越大，T字K线见底的信号就越明确。

③T字K线不论是阳线还是阴线，实战意义基本上都是相同的。

④底部见T字K线，对短线炒作者来说，是抢先介入的好时机。

⑤T字K线是庄股防守反击形成的一种K线形态，但在下跌趋势中，主力有时会利用它来作为一种骗线信号，实际上跌势并未止住。而在上升趋势中，则是主力回档洗盘的伎俩。

四、从市场操纵案件看庄家手法

庄家每时每刻都在凭借着自己的资金优势、信息优势精心的运作选中的某只股票，但是一般的投资者很难得到主力投资者运作某只股票的具体过程和细节的信息，对他们的操作手法也难以判断清楚。尽管如此，我们可以通过收集股票市场上那些操纵市场过了头的庄家的违法案件的来龙去脉对庄家的惯用操作手法进行"管中窥豹"，从而加深对庄家操盘手段的认识。

操纵市场（Market manipulation），又称为操纵行情，是指某一个人或者某一集团，利用其资金优势、信息优势或者持股优势或者滥用职权影响证券市场，人为地制造证券行情，即抬高、压低甚至稳定某种证券的价格水平，使证券市场供需关系无法发挥其自动调节作用，诱使一般投资者盲目跟从、参与买卖，从而为自己谋取利益的市场。

显示市场被操纵的重要因素有：一是以远高于市场价格的价格买进；二是顺次以高价位快速地、阶段性地买进；三是与市场规模相比较而言，其买入量过大。

1. 市场操纵"八宗罪"（资料来源/《上海证券报》）

庄家操纵股市到底都有哪些常用的手段？正在试行的中国证监会《证券市场操纵行为认定办法》和《证券市场内幕交易行为认定办法》，认定了8类行为属于市场操纵行为。

（1）第一宗罪：连续交易操纵

表现：有些资金大户、持股大户利用其拥有大量资金、股票或者利用内幕信息等优势，通过联合买卖或者连续买卖，造成某种股票交易活跃的假象，诱使其他投资者上当受骗，而庄家自己则在价格猛涨阶段将股票抛出，在价格暴跌时大量买入股票，自己获取巨额利润，而使其他投资者遭受巨大损失。

定义：单独或者通过合谋，集中资金优势、持股优势或者利用信息优势联合或者连续买卖，操纵证券交易价格或者证券交易量。

（2）第二宗罪：约定交易操纵

表现：很多投资者，有时会看到一些股票特别活跃，股票涨得很好，但一旦追入，很可能被套住。一般来说都是"庄家"与他人通谋，在事先约定的时间以约定的价格在自己卖出或者买入股票时，另一约定人同时实施买入或者卖出股票，或者相互买卖并不持有的证券，目的在于虚假造势。这样反复进行，就可抬高股价，最后，以高价将股票卖出，获取暴利。

定义：与他人串通，以事先约定的时间、价格和方式相互进行证券交易，影响证券交易价格或者证券交易量。

（3）第三宗罪：自买自卖操纵

表现：个股活跃，成交量放大，涨得快，但投资者一旦介入就成了"抬轿子"的。这是庄家开立多个证券账户，自己卖出证券之后，自己又买入证券，给其他投资者造成该种股票活跃的假象，从而影响投资者对股市行情的判断，影响股价，但证券的所有权并没有转移。

定义：在自己实际控制的账户之间进行证券交易，影响证券交易价格或者证券交易量。

（4）第四宗罪：蛊惑交易操纵

表现：为什么自己听信了绝对属于利好的"内幕消息"买入股票，不仅不涨，反而暴跌呢？这些消息也许正是别有用心的人精心编造的"诱多"谎言，而投资者也在不知不觉中落入了"蛊惑交易"的陷阱。

定义：操纵市场的行为人故意编造、传播、散布虚假重大信息，误导投资者的投资决策，使市场出现预期中的变动而自己获利。

（5）第五宗罪：抢先交易操纵

表现：如果一家券商、一家评级公司提高了对某只股票的评级，相关主体在研究报告正式发布之前，抢先一步、提前建仓，那么则有可能触犯"抢先交易"操纵的禁区。这种行为在民间被称为"抢帽子"行为。

定义：行为人对相关证券或其发行人、上市公司公开作出评价、预测或者投资建议，自己或建议他人抢先买卖相关证券，以便从预期的市场变动中直接或者间接获取利益的行为。

（6）第六宗罪：虚假申报操纵

表现：许多投资者都目睹过如下一幕：在看盘面的时候，在卖2、卖3等价位上出现了巨量卖单，顿时慌乱起来，害怕大量抛单会造成股价下跌，为避免损失，也赶紧卖出手中筹码，但是没想到很快这些巨量卖单又消失得无影无踪。事实上，这种"主力"惯用的释放烟幕弹、扰乱视听的行为就属于虚假申报操纵。

定义：是指行为人持有或者买卖证券时，进行不以成交为目的的频繁申报和撤销申报，制造虚假买卖信息，误导其他投资者，以便从期待的交易中直接或间接获取利益的行为。

（7）第七宗罪：特定价格操纵

表现：是否曾经见过这样一只股票，其本身属于热门板块，前一天又刚刚发布了利好消息，公司基本面没有任何变化，但是当天的交易中，股价几乎被打到跌停，任由同一板块的个股猛涨，而它的分时走势在四个小时内就如同一根水平线。更为玄妙的是，股价虽然怪异，但当天的交易却创出"大量"。此种走势很可能是典型的"利益输送"，行为双方通过协议价格在大宗交易。

定义：行为人通过拉抬、打压或者锁定手段，致使相关证券的价格达到一定水平的行为。

（8）第八宗罪：特定时段交易操纵

表现：投资者都深知，二级市场上股票每天的价格走势中，开盘价和收盘价最为关键，然而在以往市场中经常存在操纵开盘价和收盘价的现象，从而制造假象，十扰投资者的正常决策。

定义：是指在集合竞价时段或在收市阶段，通过拉抬、打压或者锁定等手段，操纵证券收市价格的行为。

2.市场操纵案例

（1）"抢帽子"操纵案

广东中恒信传媒投资有限公司市场操纵案，是证监会最新公布的操纵股票规模最大的一起案件。经查，自2007年4月到2009年10月间，涉案人员薛书荣、郑宏中等人用"抢帽子"的手法（是指证券机构、专业中介机构及其工作人员买卖或者持有相关的证券，并对该证券或其发行人、上市公司公开做出评价、预测或投资建议，以便通过期待市场波动取得经济利益的行为。这种方式有点类似于"老鼠仓"，但是又有区别，因为持股人前期没有办法控制老百姓的资金，但具有可以控制对外发布信息推荐股票的优势），从事操纵市场的违法行为。他们通过广州登立广告有限公司等 7 家公司，用 4483 万元购买了 9 家电视台早、中、晚间证券栏目时段，播放荐股节目，吸引投资者入市，并在节目播出当日或第二个交易日，将预先买入的股票迅速卖出获利。

他们先后动用了超过 20 亿元的资金预先买入选定的股票，通过上述方式交易了 552 只股票，累计交易金额达到 571.26 亿元，非法获利 4.26 亿元人民币，无论是在操纵股票的数量、涉案金额，还是在涉案人员的数量上，都是史无前例的。

针对该案中暴露出的证券分析师严重违规问题，证监会迅速出台关于加强证券分析师监管的相关文件，还促使广电总局于 2010 年 7 月下发了《关于切实加强广播电视证券节目管理的通知》，进一步规范了广播电视证券节目。

（2）股市虚假申报第一案

周建明虚假申报案：根据证监会的处罚决定书，在 2006 年 1 月至 11 月期间，周建明利用在短时间内频繁申报和撤销申报手段连续操纵"大同煤业"等 15 只股票价格。虽然非法所得仅为 176 万余元，但其操作手段非常容易蒙蔽投资者。他利用大资金的优势，连续挂出大单，制造股票被热捧的假象，等投资者纷纷追进以后再迅速撤单，在股价被拉升到一定位置以后，以更高的价格出货。这就是周建明的典型操作手法，被业内人士称为"圈内常用的操作手法"。

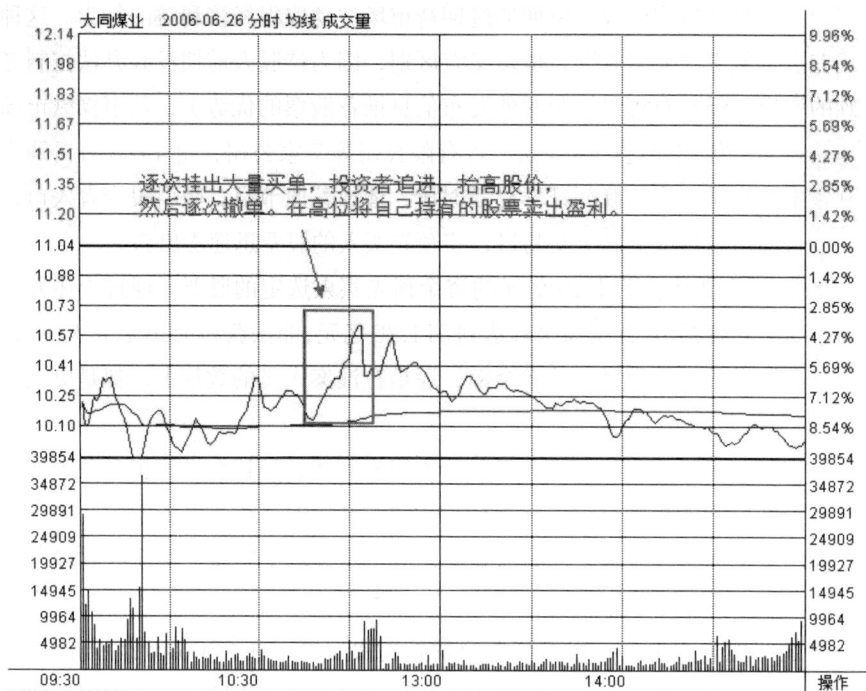

图 10-3　虚假挂单后撤单操纵市场

　　如图 10-3 所示，2006 年 6 月 26 日，周建明在当天上午的短短的 21 分钟内连续挂出 61 笔"大同煤业"股票买单，共计 4009 万股，申报价格从第一笔的 10.22 元提高到第 61 笔的 10.59 元，致使大量投资者追进，随后周建民在 26 分钟内全部撤单，在撤单后，以 10.36 元卖出以前持有的"大同煤业"股票 433.1579 万股。

　　周建明以同样手段操纵了"四川路桥"、"G 同科"、"G 中海"、"嘉宝集团"、"中纺投资"、"上海医药"、"G 嘉宝"、"中炬高新"、"安阳钢铁"、"彩虹股份"、"安彩高科"、"G 贵研"、"*ST 运盛"和"成都建投"的股价。

　　可见，庄家凭借自己的各种优势，通过各种手段进行股票交易牟利，如果庄家的行为使得证券监管当局认为庄家对股市的操纵超越了允许的范围，对股票的价格和成交量造成了很明显的冲击，就很有可能被认定为市场操纵的违法行为并接受处罚。